Tout se répète sans cesse et lamentablement.

Maupassant

Si tu est a Bois Guillaume, je me mettrai en route aussitôt arrivé a Rouen et je ne tarderai pas a te serrer contre mes fesses - non contre mon sein

Grande joie

Le Lendemain promenade - au Cabaret

J'attends immédiatement une lettre de toi qui me dira si rien ne vient à l'encontre de mon projet. C'est moi qui en ai des histoires a te raconter sur Etretat et tout ce qui s'y est passé depuis ton départ

Amen

Mes compliments les plus respectueux & affectueux a ta femme je te prie. et pour toi une bonne poignée de main - Rappelle moi au bon souvenir de ton beau père

tout à toi

Guy de Maupassant

Maupassant caricaturiste :
lettre à Louis Le Poittevin (1877).

MAUPASSANT

albert-marie schmidt

écrivains de toujours / seuil

 ISBN 2-02-000061-X.

Le 25 novembre 1890, trois ans avant sa mort, Maupassant prend soudain conscience que les diverses parties de son œuvre ne forment pas une masse indigeste et chaotique, mais composent un monument harmonieux, à la stricte structure. Bien que, diverti par la fougue de son tempérament, il n'aperçoive point les lois qui règlent celle-ci, il sait qu'elles existent. Il voudrait, à la suite d'une impeccable analyse, les discerner et les énoncer. Il ne doute pas que ses écrits non seulement rendent compte d'une certaine actualité sociale, mais encore, par l'effet d'une sorte d'intuition prophétique, indiquent l'évolution qui doit transformer les mœurs et l'art des Français au cours du vingtième siècle [1].

Empêché par la maladie, par l'impérieuse nécessité de satisfaire, artisan laborieux des lettres, à des engagements parfois téméraires, requis par des obligations mondaines et sentimentales dont il aime et hait la lassante vanité, Maupassant ne parvient pas à entreprendre cette explication, ou plutôt cette rétractation – au sens augustinien du mot – de ses ouvrages. J'ai conçu l'ambitieux dessein de suppléer dans une certaine mesure à ce déplorable défaut. A cet effet, j'ai tenté de comprendre comment divers accidents existentiels, façonnant la personne de Maupassant, ont éveillé en lui des facultés spéciales qui lui ont permis d'exprimer une vision du monde, dont l'originalité, modestement dissimulée, surprend, lorsque l'on a la patience et l'audace de la découvrir.

* Les références se trouvent à la fin du volume p. 185 et suivantes.

Château de Miromesnil

Ancêtres

Guy de Maupassant naît soit à Fécamp, soit au château de Miromesnil, près de Tourville-sur-Arques, à huit kilomètres de Dieppe, le 5 août 1850. Entichée de sa récente noblesse, sa mère, Laure de Maupassant, se plaît dans le décor de ce manoir. Elle entend que son fils premier-né soit entouré d'objets qui attestent l'illustration de sa race. Aussitôt qu'il est en âge de l'écouter, elle l'exhorte à éviter toute occasion de déchéance. De fait, il songe, non sans complaisance, qu'il est en droit de marquer ses effets d'une couronne ornée de feuilles et de perles. Il s'applique à dépouiller les archives de sa famille. Il révère le souvenir de l'empereur François, époux de Marie-Thérèse, dont la bienveillance lui permet de porter le titre de marquis. Il se récite les noms des maisons avec lesquelles Jean-Baptiste de Maupassant, le premier de ses ancêtres lorrains qui, au XVIIIe siècle, ait été décrassé de sa roture, entretenait un commerce suivi : Mérode, Montmorency, Monaco, Chameubles, Briqueville, Bezons, Courtavel [2]. Il loue son père de l'avoir rendu digne d'obtenir, par tant d'éclat héréditaire, l'estime des gens bien-nés.

Un père, une mère, un frère

Ce père, Gustave de Maupassant, ne mérite nullement le discrédit dont on l'accable. Fils d'un fonctionnaire des Finances devenu fermier, grand amateur de scènes rurales, se plaisant dans la compagnie frivole, truculente et libertine des hobereaux et des grands propriétaires normands, il sait, à merveille, user de ses charmes. Ayant dans les veines quelques gouttes de sang créole, il excelle à prendre les femmes au piège de sa nonchalante beauté. Il les divertit par les talents qu'il cultive. Il dessine. Il peint. Naturellement paresseux, il ne cherche qu'à occuper agréablement son oisiveté, sans risquer de la compromettre par une diligence excessive.

Laure de Maupassant ne saurait s'accommoder longtemps de ce petit-maître égoïste et naïf. Sœur d'Alfred Le Poittevin - poète précoce qui fut le meilleur ami de Gustave Flaubert - elle a le même âge que ce dernier. Pour avoir partagé ses jeux et ses rêves, une étroite affection l'unit à lui. Elle est cultivée. Elle rédige avec une sorte de virtuosité élégiaque les lettres qu'elle adresse aux membres de sa coterie spirituelle. Elle a lu ce qu'il convient d'avoir lu. Elle est entêtée de Shakespeare. Mais la poignante sensibilité qui la ravage ne trouble jamais sa raison. Elle dispose d'un talent de critique dont elle aime vérifier la pertinence. Habile aux lettres sans donner dans le ridicule des précieuses de province, maîtresse-femme trop élégante pour tomber dans la grotesque démesure des viragos, elle méprise vite la veulerie parfois impatiente de Gustave de Maupassant qu'âgée de 25 ans, elle a épousé le 9 novembre 1846.

Dès ses premières années, Guy de Maupassant assiste aux querelles continuelles qui opposent l'un à l'autre ses parents. Il en comprend l'objet. Il n'ignore point que son père partage ses soins entre sa mère et d'autres femmes. Fort de cette perversité utilitaire qui distingue les enfants, il humilie souvent le malheureux Gustave et le contraint à

condescendre à ses caprices en exerçant sur lui de cruels petits chantages. Mais il souffre des discordes du milieu qui devrait le protéger. Sa mère s'inquiète de la tristesse qu'il manifeste parfois. Elle remarque en lui des traits de maturité incongrus qui l'épouvantent [3]. De fait, lorsque, par la suite, Maupassant réfléchit sur l'origine du pessimisme atroce qui assombrit sa pensée, il le rapporte toujours à la terreur panique dont il était envahi chaque fois que Laure et Gustave, emportés par la rage et peu soucieux de le scandaliser, échangeaient des outrages. Transposant dans l'un de ses contes le fruit de sa mémoire et de ses déductions, il peint un homme qui a opté pour une existence végétative et qui passe ses journées dans une brasserie à vider des bocks en culottant des pipes. Agé de 13 ans, il a vu son père rouer de coups sa mère. Alors ses idées se sont comme inversées. Il n'a *plus eu de goût pour rien, envie de rien, d'amour pour personne, de désir quelconque, d'ambition ou d'espérance* [4].

Maupassant, à peine a-t-il atteint sa douzième année, ses parents se séparent à l'amiable. Quoiqu'il soit confié à sa mère, il ne partage pas son âpre ressentiment. Il ne devient ni l'ennemi, ni l'adversaire de son père. Se substituant à lui, il évite d'être obsédé par un complexe d'Œdipe qu'il ne parviendrait pas à résoudre. Il se considère comme le chef de sa famille. Il traite Gustave en mineur étourdi. Il surveille sa conduite. Il lui délivre de sages conseils. Il le réprimande avec affection. Certes, il lui arrive de se plaindre amèrement de lui. Mais l'outrance de ses récriminations en atténue la gravité. On croirait qu'il vitupère un fils chéri.

Cette attitude de Mentor, il l'observe aussi vis-à-vis de son frère Hervé. Celui-ci, quoiqu'on ne puisse l'accuser de débilité mentale, ne dispose pas de beaucoup de talents. C'est, au dire de sa mère, *un brave petit paysan* [5]. Prenant de l'âge, il aime se battre. Hussard à Saint-Germain, il provoque ses camarades. Il acquiert une mauvaise réputation de bretteur intempérant. Maupassant, qui le morigène sans cesse, ne laisse pas de l'admirer. Il croit que le sang généreux, qui coule dans ses veines, le rend capable d'un grand destin. Il rêve de l'engager dans la carrière diploma-

Grand-Père - Père - Tante - Frère (de gauche à droite).

tique. Mais comme l'autre prétend répondre à une vocation d'agronome, il l'aide à s'établir à Antibes. Il veille sur lui, sur sa femme, sur sa fille, jusqu'au jour où Hervé, présentant des signes incontestables de dérangement mental, est conduit par ses soins à l'asile de Bron (Rhône) où il meurt le 13 novembre 1889 en murmurant dans un sursaut de lucide détresse : « Mon Guy! Mon Guy [6]! »

Si Gustave de Maupassant fournit à son fils Guy certains des traits qui distinguent le vicomte de Lamare, dans *Une vie*, la figure de Hervé le hante jusqu'à l'angoisse. Il imagine que Duroy, protagoniste de *Bel-Ami*, est corrompu par le métier militaire. Sous-officier, il y contracte de fâcheuses habitudes de paresse, de cruauté, de grivèlerie. Se rappelant que Hervé, grand gaudisseur, se plaisait à effaroucher la pudeur des bourgeois bien nantis par d'obscènes incartades, Maupassant l'incarne dans le personnage d'un traîneur de sabre, qui risque de compromettre la carrière d'un magistrat, son beau-frère, en prenant, par erreur, pour un lupanar le décent hôtel d'un Premier Président [7]. Mais, surtout, il le considère avec une sorte d'horreur sympathique. Il en fait un prophète, mandaté par la Providence pour l'avertir des progrès de la vésanie dont il est lui-même menacé. « C'est toi qui es fou! » crie avec fureur Hervé, tandis que se referment sur lui les portes sans espoir de l'hôpital psychiatrique. Cette phrase, Maupassant la ressasse, lorsque la délicate horloge de sa pensée avance ou retarde inopinément.

Sa mère également l'accable de soucis. Elle souffre de troubles nerveux. Maupassant tente de se persuader que ceux-ci ressemblent à ceux dont il éprouve lui-même les poignantes atteintes. Ainsi cherche-t-il à se procurer un apaisement anxieux. Il craint, d'une part, de se ressentir de l'effet des poisons que lui a peut-être transmis sa mère. Il se délecte, d'autre part, que des souffrances analogues rendent plus étroite encore la communion de leurs espoirs, de leurs désirs, de leurs goûts.

Maupassant à 7 ans

Mère

Maupassant à 10 ans

Éducation

Laure, durant son enfance, est son unique confidente, sa seule éducatrice. Elle n'abuse pas des prestiges de sa tendre autorité. Quoiqu'elle ne réprime guère ses répugnances, elle n'entend point préserver son fils du contact des roturiers. Elle fait confiance à la nature. Elle croit à l'influence heureuse qu'exercent sur les jeunes âmes les paysages sans apprêts. Elle admire la sagacité des sages rustiques qui dirigent la conscience à la fois finaude et fruste des campagnards. Aussi incite-t-elle son fils à se mêler aux jeux des petits villageois. Une société complexe de créatures encore primitives, qui défend ses particularités comme des privilèges contre toute influence étrangère, se découvre à ses yeux. Elle l'admet parmi ses membres sans essayer de le convertir ni de le pervertir. Il assiste à ses drames. Il fréquente ses fêtes. La brutalité soudaine des passions qui la bouleversent ne l'étonne pas.

Cependant Laure de Maupassant prend garde que Guy obtienne les avantages d'une solide culture humaniste. Quoiqu'elle soit plus religieuse que dévote, après l'avoir confié durant un an aux maîtres d'un lycée parisien, elle le remet, pour se conformer aux usages de sa caste, à la discrétion d'un vicaire d'Étretat, l'abbé Aubourg. Celui-ci tente de lui inculquer les rudiments du catéchisme et du latin ; mais il ne fait guère qu'exciter sa verve satirique par l'originalité burlesque de sa personne et de ses manières. Sans doute se souvient-il de lui, lorsqu'il peint le portrait de l'inoubliable curé Loisel, qui songe à Dieu *comme un maraudeur songe au gendarme, un prisonnier au juge d'instruction*, ce qui ne l'empêche pas de succomber sans scrupules excessifs au péché de goinfrerie et de bâfrer comme un ogre, dès qu'il peut le faire sans bourse délier, quitte à prononcer, la panse pleine, de violentes diatribes contre la malice des femmes, *les dangers de la vie et les turpitudes du monde* [8].

Fidèle à ses fâcheux préjugés, Laure de Maupassant, en octobre 1863, inscrit son fils, âgé de treize ans, à l'Institution ecclésiastique d'Yvetot. Habitué aux franchises d'une existence vagabonde, il y souffre d'une sorte de psychose carcérale. La tristesse des bâtiments où il dépérit l'accable. Il lui semble que les prières y stagnent comme autant de relents putrides. Accoutumé à se laver à grande eau, il se révolte de voir une couche de crasse recouvrir peu à peu son corps. Par instinct de conservation, il observe une contenance papelarde. Quoiqu'il déteste *la piété étroite, ruminante et forcée* aux exercices de laquelle on le contraint [9], il séduit ses maîtres par sa gentillesse. Ceux-ci le déclarent *bon, docile et agréable.* Ils reconnaissent qu'il *s'est fait aimer de tout le monde* [10].

Pour ne pas périr d'ennui, Maupassant cherche des moyens d'évasion. Il en trouve dans la lecture de livres défendus. Se dissimulant derrière son pupitre à demi relevé, il dévore des romans. Il en extrait les éléments de récits féeriques dont il s'enchante le soir lorsque l'inconfort de son grabat glacé l'empêche de dormir [11]. C'est alors qu'il commence à subir le charme des écrivains français du dix-huitième siècle. Jusqu'à la fin de ses jours, il ne cessera de leur prêter un pouvoir de purification mentale. Parlant de *la Nouvelle Héloïse* à son cousin Louis Le Poittevin, il remarque : *Ce livre m'a servi en même temps de désinfectant et de pieuse lecture pour la semaine sainte* [12]. Bientôt il se risque à composer des vers romantiques, bien qu'à l'Institution on ignore les bains *tout aussi complètement que le nom de M. Victor Hugo* [13]. Les piécettes qu'il rime renferment des traits significatifs. Harcelé de curiosités précoces, il regrette de ne pas frôler d'autres robes que les soutanes de ses régents [14]. Il verse dans l'irréligion.

En même temps apparaît en lui un appétit de farces brutales et vulgaires, de facéties grossières et calmantes, d'esclandres fantastiques, qu'il ne renoncera jamais, par la suite, à satisfaire. Lui qui aime le bouquet généreux du cidre bouché, on ne lui dispense qu'une pâle *abondance.* Il s'empare du trousseau de clés du Supérieur. Assisté de complices apeurés et ravis, il organise le pillage de sa cave. S'ensuit une débauche clandestine, où alternent les rasades de vin et d'eau-de-vie, qui dure jusqu'à quatre heures du matin [15].

Plage et rochers d'Étretat (1860). ▶

Puissance de l'eau

Mais c'est à inventer des rêves d'eau, dont il s'acharne à varier les péripéties, que le jeune Maupassant se forge sa plus puissante consolation. Depuis que ses parents se tiennent à l'écart l'un de l'autre, il a passé la plupart de son temps à Étretat, habitant le domaine des Verguies. Certes, il aime percer le mystère des combes solitaires, *des bois inconnus aux profanes* [16]. Mais il préfère aux promenades de terre ferme les excursions marines où le convient ses amis, les pêcheurs. La mer grouillante, tantôt grise, tantôt bleue, tantôt pourpre, prend à ses yeux l'aspect d'une divinité. Pour entretenir plus commodément le commerce mystique qu'il a noué avec elle, il souhaiterait consacrer ses économies de collégien, secrètement rebelle, à l'achat d'un esquif personnel. Il dédaigne les embarcations bâtardes *que l'on vend aux Parisiens.* Il projette de se rendre chez un douanier, expert à la construction des barques. Dans la flottille de cet homme, il choisirait *un bateau comme ceux qui sont dans l'église, c'est-à-dire un bateau-pêcheur tout rond dessous* [17].

Si Maupassant célèbre l'eau avec tant d'ostentation, c'est qu'il en a vu jaillir les femmes humides et dévêtues dont l'apparition a donné un sens à l'hésitante nostalgie de sa chair. Assis sur les galets de la plage d'Étretat, il dévore du regard les baigneuses qui se dirigent vers les ondes. Il partage leurs spasmes : *Elles entrent dans la mer, d'un petit pas rapide qu'arrête parfois un frisson de froid délicieux, une courte suffocation* [18]. Il évalue la résistance de leurs appas. Il note que certaines d'entre elles supportent mal l'épreuve d'une immersion prolongée, qu'elles se détendent, s'amollissent, se défont. Vénus, se distinguant à peine des flots qui la créent, est l'emblème souverain de sa mythologie intérieure.

Plus tard, il enveloppe d'un tissu d'eau ses personnages préférés. Jeanne, héroïne d'*Une vie*, s'éloignant des bords normands à brasses rapides, demeure immobile dans l'*eau froide, limpide et bleue* : elle participe par une méditation vacante à toutes les motions du cosmos [19]. Christiane, protagoniste de *Mont-Oriol*, se plonge dans un bassin de tiède

Un frisson de froid délicieux

eau minérale. Elle sent des chapelets de petites bulles de gaz caresser ses membres nus. Après avoir découvert ce que peut être *un bonheur calme, fait de repos et de bien-être, de tranquille pensée, de santé, de joie discrète et de gaieté silencieuse*, elle parvient à un état presque parfait de quiétude [20]. Mariolle, dans *Notre cœur*, n'a pour sa servante, Élisabeth, qu'une tendresse vague. Il la surprend au bain. Il découvre *allongé dans l'eau, les bras flottants et les seins frôlant la surface de leurs fleurs, le plus joli corps de femme qu'il eût aperçu de sa vie* [21]. Il se décide soudain à en faire sa voluptueuse esclave et à la pousser de son mieux dans la carrière de la galanterie. Au reste, l'une des raisons qui incitent Maupassant, dans ses moments de rancœur, à faire l'apologie des courtisanes, c'est qu'il les considère comme des animaux aquatiques. A la différence des femmes du monde, elles passent la moitié de leur existence dans le recoin de vasques parfumées [22].

J'ajoute que, d'après Maupassant, la mer, entité féminine, aide parfois les amants trahis à prendre sur l'objet de leurs déplaisirs une revanche symbolique. Un mari trompé, qui s'est exilé en Afrique et tâche d'y oublier ses mécomptes, prend un pervers plaisir à pêcher au flambeau. Si son *long trident aux pointes aiguës* ramène une pieuvre, il l'injurie, l'éventre, la grille, la traite comme une stryge qu'on torture sans merci, trouve dans ces barbares pratiques un soulagement [23].

On comprend maintenant pourquoi Maupassant, à partir de 1885, s'abandonne si souvent aux délices d'une navigation quasi solitaire. N'admettant sur son yacht particulier que deux matelots et François Tassart, son fidèle valet, il vogue. Il accomplit les vœux qu'il formait à l'Institution ecclésiastique. Il se montre un navigateur averti. Il ravit d'admiration les humbles de son équipe. L'un d'eux s'écrie : « Il est adroit, il a l'œil à tout et il connaît la lame comme un vieux marin. Il est d'une hardiesse qui fait parfois trembler [24]. » Mais, durant ses croisières, il ne cherche pas seulement le délassement d'un sport minutieux. Sans doute essaie-t-il de se retremper dans l'orageuse bonace des eaux prénatales et de retrouver la sécurité du ventre maternel. Mais surtout, las des artifices de précieuses amies qui ne lui offrent de la femme qu'une image conventionnelle, il veut se soumettre à l'humide influence d'une vaste féminité élémentaire.

L'eau ne lui fournit pas seulement de quoi interrompre le cours de sa mélancolie. Lui qui déplore les incertitudes de l'art médical, il la considère comme un sédatif de choix. Selon l'état de ses humeurs, il nage dans une aiguade paisible, prend de longs bains tièdes, soumet sa chair à l'agression brutale de jets puissants. Il s'irrite lorsque les médecins lui interdisent cette dernière pratique. Ses héros suivent son exemple. S'éprenant de la fille de sa maîtresse, le peintre Bertin ne peut plus bientôt tolérer les affres de l'angoisse affamée qui le ravage. Aussi se rend-il au Bain Maure, *espérant que l'étuve et la douche le calmeraient* [25]. Dès qu'il y pénètre, son *cœur triste* tressaille *d'un frisson de satisfaction* [26]. Mais il ne tire point des soins qu'il y reçoit de durables bénéfices. Le démon du suicide commence à l'investir.

Le « Bel Ami », voilier de Maupassant

Maupassant, les dames et l'eau.

Savoir

Ni les lectures romanesques, ni les exactions gaillardes, ni les songes ne suffisent à acclimater Maupassant dans l'austère puanteur de l'Institution ecclésiastique. On l'y tient finalement pour un mauvais esprit, pour un fauteur de troubles, capable d'inspirer à ses condisciples le mépris de la décence morale et des choses religieuses. En 1868, alors qu'il va avoir dix-sept ans, sa mère se décide à l'arracher à la néfaste discipline cléricale dont il enrage. Elle constate, depuis quelque temps déjà, que son tempérament, jusqu'alors harmonieux, devient discordant. Il présente les symptômes physiques et mentaux d'une dépression larvée. Il *n'est point sérieusement malade ; mais il souffre d'un affaiblissement nerveux.* La nourriture grossière que l'on tente de lui ingurgiter lui répugne. *A sa nature impressionnable et fine*, il faudrait *un régime très tonique.* Or ses maîtres, veillant plus au salut de son âme par des pratiques formelles qu'à la bonne condition de sa personne, lui refusent *une dispense de maigre* pourtant *exigée par les médecins.* D'ailleurs, il a besoin de converser avec des hommes et des femmes de toutes les classes sociales, or les *hautes murailles* qui l'investissent ne laissent arriver jusqu'à lui *aucun bruit du dehors* [27].

Pourtant, il faut éviter de prétendre que le séjour qu'a fait Maupassant à l'Institution d'Yvetot n'a que médiocrement accru la somme de ses connaissances. Élève de pédagogues savants qui, à la manière des jésuites, ont l'art de stimuler l'émulation de leurs pupilles, il se familiarise avec la littérature classique, tente de percer les secrets de Racine, apprend par cœur les vers didactiques de Boileau auxquels, par la suite, il se réfère chaque fois qu'il rend une sentence critique, s'émeut à la lecture des romans de Rousseau, perfectionne ses notions de latin, mais s'effraie des difficultés que le grec oppose à son zèle. Il se désole : *Je ne comprends rien à cette malheureuse langue* [28]. Ce qui ne l'empêche pas de déclarer, quelques années plus tard : *Je lis Virgile avec un plaisir infini, ainsi que les Pères philosophes de l'Église grecque, qui étaient des écrivains superbes* [29].

Swinburne

Au reste, écolier calamiteux, durant les vacances scolaires qu'il passe auprès de sa mère à Étretat, il a l'occasion d'accroître et de raffiner son expérience humaine. Sur ces *rivages que découvrit Alphonse Karr* [30], musiciens, peintres, actrices aiment oublier le fracas des cités. Parfois même quelque *lovelace havrais ou fécampois* y *trouve... le placement de ses séductions semi-rurales* [31]. Mais il arrive aussi que la petite station cauchoise accueille des hôtes inquiétants. Un jeune squire gallois, G. E. J. Powell, y habite un chalet solitaire qu'indique aux initiés un cartouche portant cette inscription : « Chaumière Dolmancé ». Maupassant qui semble avoir déjà, sinon lu, du moins entendu parler de *la Philosophie dans le boudoir* [32] souhaite entrer en relations avec le propriétaire de cette demeure louche. Il lui arrive d'échanger parfois avec lui quelques propos *sur le galet* [33]. En 1864, un matin d'été, il entend des marins crier qu'un nageur se noie sous cette arcade naturelle qu'on nomme la Porte d'Amont. Il se jette à l'eau sans barguigner. Une barque prévient son zèle. Elle repêche l'imprudent, qui a commis la faute d'avoir voulu se baigner après s'être imbibé d'alcool. Cet inconnu éthylique est le maître et l'ami de Powell : l'éminent poète Algernon-Charles Swinburne.

Tous deux, le lendemain, attendent Maupassant « dans un joli jardin ombragé et frais derrière une toute basse maison normande construite en silex et coiffée de chaume [34] ». Avec l'adipeux Powell, le maigre Swinburne, qu'agite un tremblement continuel, forme un contraste saisissant. Ils ont l'un et l'autre l'aspect de ces personnages irréels, mi-gnomes, mi-incubes, qu'inventèrent E. T. A. Hoffmann et Edgar Poe. Maupassant devine que l'asile discret où on le festoie avec grâce est une sorte de sanctuaire voué à la célébration d'affreux mystères. Il y ressent l'influence des tableaux bizarres qui ornent les murs. L'un d'eux retient singulièrement son attention : *Une aquarelle, si je me souviens bien, représentait une tête de mort naviguant dans une coquille, sur un océan sans limites, sous une lune à figure humaine* [35].

Des ossements traînent sur des consoles. Tandis qu'on sert des mets à la saveur suspecte sur l'origine desquels les deux Anglais refusent de s'expliquer, ils entreprennent de révéler au tout jeune Maupassant leurs phantasmes de *visionnaires malades, ivres de poésie perverse et magique.* Ils jettent *sur les choses une espèce de lueur troublante, macabre* [36]. Pour illustrer leurs propos, ils exhibent devant leur commensal des planches d'une obscénité complexe tout en remplissant son verre de *liqueurs fortes* [37]. Cependant un grand singe gambade autour des convives. Il subit avec plaisir les sales caresses que lui distribue Powell, mais frappe Maupassant sur la nuque. Celui-ci redoute d'être l'objet d'un danger imminent. Il accepte pourtant une seconde invitation. Cette nouvelle entrevue n'a pas de suite. Écœuré par l'odeur fétide que répand un singe à la broche, hébété par un philtre qu'on lui administre, il a la sagesse instinctive de s'enfuir pour ne plus revenir.

Il recueille bientôt sur ses hôtes des rumeurs sinistres. On murmure qu'ils vivent dans une promiscuité non équivoque avec des anthropopithèques et *de petits domestiques d'une netteté et d'une fraîcheur extraordinaire* que l'on importe d'Angleterre *à peu près tous les trois mois* [38]. A ces traits l'on reconnaît que les deux amis, pour honorer Sade, *cet illustre bienfaiteur d'une ingrate humanité,* comme l'écrit Swinburne [39], se sont, à l'exemple des titans pervers de *Justine* et de *Juliette,* retirés dans un asile étouffé pour y perfectionner leurs criminelles délices.

Maupassant n'a pas divulgué les préceptes dont les deux émules de Dolmancé lui ont fait la tradition. Mais tout en prenant soin de ne pas compter parmi leurs victimes, il en garde un perpétuel souvenir. S'étant rendu acquéreur d'une des pièces de la prodigieuse collection qu'abritait la chaumière aux singes et aux jouvenceaux, il la considère comme un emblème de grande vertu. Jusqu'à la fin de ses jours, il s'en sert comme d'un support pour ses méditations prodigieuses. C'est *une affreuse main d'écorché qui* garde *sa peau séchée, ses muscles noirs mis à nu, et, sur l'os blanc comme de la neige, des traces de sang ancien* [40]. Relique *d'un parricide* [41] supplicié,

si l'on s'en rapporte aux propos de Powell, elle excitait passablement ce dernier. Lorsqu'il était ivre, il tétait goulûment *les bouts des doigts* [42] de cette charogne momifiée. Suite d'un pénible fétichisme, Maupassant ne s'en sépare guère. Tandis qu'il procède aux soins de sa toilette, il ne la quitte pas du regard. Un matin de 1885, sa chatte Piroli la précipite dans l'eau de sa baignoire. Il s'écrie plaisamment : *Comment? Tu fais tomber dans mon bain la main de Shakespeare? Oh! la petite gamine* [43] *!*

Non content de la contempler sans cesse, il retouche continuellement les portraits qu'il en tire. Il lui impute, avec une funèbre ironie des origines variées. Il prétend, entre autres, qu'elle provient *d'un célèbre criminel supplicié en 1736, pour avoir jeté la tête la première dans un puits sa femme légitime... puis pendu au clocher de l'église le curé qui l'avait marié* [44]. Il assure qu'elle a été détachée du corps encore vivant d'une sorte de colosse [45]. Elle lui inspire deux de ses meilleurs contes fantastiques. Rivalisant peut-être avec Gérard de Nerval, il la montre qui, s'animant soudain, pénétrée par un effluve vital insolite, étrangle un malheureux, fou de terreur. Ayant traité une première fois ce thème en 1875, il l'orne en 1883 de variations nouvelles [46].

Ni l'un ni l'autre de ces récits n'est explicitement sadique. Pourtant les leçons que Powell et Swinburne dispensent au jeune Maupassant se révèlent fécondes. Entre sa vingtième et sa trentième année, il devient un virtuose de la brimade. Il fonde des cabales de débauchés, des confréries occultes où l'on ne saurait être admis sans endurer des épreuves érotiques et scatologiques si périlleuses qu'elles peuvent causer dans la personne physique des impétrants certains troubles graves, voire mortels. Homme déjà mûr, il se plaît à terroriser ses maîtresses en peignant sur sa masculinité les signes d'une infection spécifique [47]. Il se flatte complaisamment de rivaliser avec Dolmancé dans l'art de pousser les jeunes femmes hors des sentiers de la vertu. Il se targue, en 1878, d'exceller à enseigner *tout bas... les arcanes de la lubricité* [48]. Si l'on en croit Léon Daudet, il aurait même emprunté à un médecin bibliophile une édition illustrée de *Justine* en déclarant : *Il s'agit de parfaire l'éducation d'une jeune cuisinière qui a de grandes aptitudes pour la débauche* [49].

Au cours de son existence, Maupassant tantôt réprime ses délictueux appétits, tantôt tente de les assouvir en usant des moyens que lui prépare son imagination créatrice. Lui, qui dénonce en termes émus un bourreau d'enfant [50], il analyse, non sans complaisance, dans plusieurs de ses récits, les états d'âme de meurtriers pervers, puis énumère les souffrances qu'endurent leurs minables victimes avec un délectable attendrissement. Un haut magistrat, qui rétrécit doucement l'étreinte de ses doigts autour du cou d'un enfant, subit en même temps le charme de ses yeux *tout ronds, profonds, limpides, terribles.* Il note dans son journal : *Je n'ai jamais éprouvé une émotion si brutale... mais si courte* [51]. Un instituteur assassine ses élèves pour narguer Dieu [52]. L'un et l'autre de ces surhommes scélérats, semblables aux porte-parole du marquis de Sade, ne se contentent pas de se procurer une jouissance aiguë à perpétrer leurs crimes, ils justifient ceux-ci par des raisonnements sophistiques et se vantent d'être les adroits collaborateurs de la nature, cette implacable destructrice.

Maupassant ne répugne nullement à enregistrer les râles des innocents et à décrire les stigmates qui marquent leur chair avilie. On glisse entre les dents d'un âne le canon d'un fusil de chasse. On presse sur la détente. La bête s'abat : *Tout son vieux corps pelé palpitait ; ses jambes s'agitaient comme s'il eût voulu courir. Un flot de sang lui coulait entre les dents* [53]. La dépouille dénudée de la petite Roque, enfant impubère, gît le long d'un ruisseau. Viol suivi de strangulation. Les hommes graves, qui examinent ce cadavre grêle, loin de frémir d'horreur, éprouvent un piquant plaisir esthétique. Ils suivent avec curiosité le manège d'une mouche qui parcourt les appas meurtris de la petite assassinée et s'attarde parfois à humer quelques gouttes de son sang. Cette image en blanc, noir et pourpre leur arrache une réflexion dont la coquetterie glacée atterre : *Comme c'est joli une mouche sur la peau! Les dames du dernier siècle avaient bien raison de s'en coller sur la figure. Pourquoi a-t-on perdu cet usage-là*[54]. Et que dire de cet amant qui, la chair en émoi, chaque fois qu'il est sur le point de posséder sa maîtresse, pour se débarrasser du marmot criard de celle-ci, le pince si cruellement qu'en peu de temps *les mollets, les cuisses, les reins, tout le derrière du petit étaient marbrés de taches bleues, grandes comme des sous*[55] ?

Épiçant le fade amour physique, une volonté explicite de tuer peut, selon Maupassant, le rendre plus délicieux. Marroca, cette brune Vénus née des ondes méditerranéennes[56], Marroca, dont la lasciveté étonnerait le plus libertin des amants, puise l'énergie qu'elle dépense en *hurlantes étreintes avec des grincements de dents, des convulsions et des morsures*[57], dans un ferme propos d'abattre son mari si, importun, il vient troubler ses ébats salaces. A cet effet, elle prépare une *petite hachette à fendre le bois*, et, comme un sort adverse ne lui offre pas l'occasion de s'en servir, se sentant frustrée, elle se contente d'exécuter le simulacre du crime dont l'idée exaspère ses désirs. Son amant, doublement ému de crainte et de rut, rapporte : *M'attirant du bras gauche tout contre elle, serrant sa hanche à la mienne, du bras droit elle esquissa le mouvement qui décapite un homme à genoux*[58].

La clarté de funérailles que Swinburne et Powell se plaisaient à diffuser sur un monde de vivants provisoires donne parfois un douteux éclat aux textes de Maupassant. Quoique l'assouvissement sexuel ne l'incline pas à la tristesse et qu'employant une litote pudique il affirme doctement : *la caresse remplace tout, guérit tout, console de tout*[59], il ne laisse pas de croire que les chairs en amour exhalent toujours un arôme de mort. Aussi loue-t-il les courtisanes qui, se considérant comme les muses du trépas, racolent dans les cimetières des hommes dont un deuil récent affaiblit les défenses et dérange les habitudes. Il nomme ces ingénieuses praticiennes : *Les Tombales*. Elles sont blondes, d'ordinaire, et, se voilant de crêpe, *répandent une lumière d'aurore sous la nuit de* leur *coiffure*. Elles savent pleurer *avec des mouvements rapides du cou et des épaules*[60]. Elles simulent la syncope. Puis, quand elles ont consenti aux derniers abandons, elles prennent *un*

Petite amoureuse funéraire

air alangui, attendri, résigné. Nul succube, si rompu soit-il aux artifices de son office, ne saurait l'emporter, si l'on en croit les connaisseurs, sur *une petite amoureuse funéraire* [61].

Aussi n'est-il pas surprenant que la pourriture d'un corps chéri, loin de rebuter l'amant qui l'a si souvent pressé dans ses bras, éveille en lui des sentiments d'une vivacité singulière. Ou il passe la nuit sur le sépulcre de celle qu'il a perdue, attendant qu'elle en sorte, fantôme onctueux, et sûr de la reconnaître *même sans voir le visage enveloppé du suaire* [62]. Ou, creusant la terre consacrée qui la lui dérobe, il en exhume des reliques adorées : *J'ouvris la bière cependant, et je plongeai dedans ma lanterne allumée, et je la vis. Sa figure était bleue, bouffie, épouvantable ! Un liquide noir avait coulé de sa bouche. Elle ! c'était elle ! une horreur me saisit. Mais j'allongeai le bras et je pris ses cheveux pour attirer à moi cette face monstrueuse. C'est alors qu'on m'arrêta. Toute la nuit j'ai gardé, comme on garde le parfum d'une femme après une étreinte d'amour, l'odeur immonde de cette pourriture, l'odeur de ma bien-aimée* [63]. D'ailleurs la présence, même ignorée, d'un trépassé, exaspère la sensualité de la femme. Mme Amandon, épouse d'un haut magistrat, subissant l'influence magnétique d'un mort, qui repose à son insu dans le lit où elle savoure, d'habitude, les caresses de son amant, se dévêt *avec une brusquerie fiévreuse*, pour mieux parader au milieu de la chambre mortuaire, vivante pivoine, *en chemise de soie rouge, ainsi qu'une fleur qui vient d'éclore* [64].

Au reste Maupassant, lorsqu'il visite un pays pittoresque, cherche toujours à augmenter son trésor d'impressions macabres. C'est un rôdeur des champs de repos et des ossuaires. Certes, en 1885, Palerme lui plaît par sa magnificence byzantine, mais il n'a de cesse qu'il ne pénètre et ne s'attarde dans les vastes cryptes du cimetière des Capucins. Il y contemple des milliers de corps dressés que l'action d'une terre virulente a momifiés en quelques mois. Il a l'impression de passer une nocturne revue de toutes les conditions humaines. Il y admire de noires mortes coiffées de *bonnets à dentelles et à rubans d'une blancheur de neige.* Lui qui, comme tous les hommes de son siècle, a tendance à surestimer le mollet et le pied féminins, il note : *Et les bas semblent vides qui enferment les os des jambes* [65]. Brodant sur un thème emprunté, il imagine qu'un ivrogne s'endort dans cette nécropole hypogée. Il se réveille à la mi-nuit. Les issues sont closes. On le retrouve, au matin, les mains crispées sur les barreaux de la porte principale. Il a perdu la raison [66].

Rouen

Louis Bouilhet

Laure de Maupassant, ne se doutant point qu'en permettant à son fils de fréquenter librement baigneurs et baigneuses d'Étretat elle détermine tels troubles aspects du génie de celui-ci, projette d'abord de lui faire terminer ses études au lycée du Havre, puis se décide à l'inscrire comme interne au lycée de Rouen. Il y entre au printemps de 1868. Il y occupe une place honorable. Le 27 juillet 1869, il est reçu bachelier ès-lettres. Pensionnaire, il observe les mœurs du clan pittoresque des répétiteurs, humble prolétariat. Il les plaint d'être broyés par les dents d'un engrenage qui ne se desserre jamais. Il enregistre le mot pathétique de l'un d'entre eux : *Je suis comme un chêne dans un désert... sicut quercus in solitudine* [67]. Il raille peut-être aussi, petit mâle déluré, leur candeur de vieux ingénus.

Ses jours de congé, il les passe dans la compagnie de son correspondant Louis Bouilhet (1822-1869). Celui-ci a quarante-six ans. Bibliothécaire de la ville de Rouen, il jouit d'une modeste renommée de dramaturge lyrique et de poète. Préoccupé de problèmes stylistiques, il cisèle ses vers avec une attention maniaque. Maupassant, qui ne cesse de rimer, lui soumet ses inventions. Il n'a pas à vaincre les répugnances d'une timidité juvénile, car il est assuré que l'autre, usant au besoin de litotes, ne l'humiliera point. Bouilhet lui dispense des *enseignements lumineux*. Il le persuade que l'écrivain apprenti doit préparer en quelque sorte l'irruption de la grâce littéraire et s'en rendre digne par ses mérites artisanaux. Il s'appliquera à un *travail continuel*. Il s'appropriera les secrets d'atelier que peuvent lui transmettre ses contemporains. Lorsqu'il disposera de tous les procédés de son art, il espérera, avec confiance, bientôt connaître un heureux *jour de lucidité, de puissance et d'entraînement* où, suite de la rencontre d'un sujet littéraire et d'un tempérament, éclose une *œuvre courte, unique et aussi parfaite que nous la pouvons produire* [68].

Au reste, Louis Bouilhet n'est pas un pédant solennel, un tyran des mots et des syllabes. Confident de Flaubert, il a comme lui le goût du monologue facétieux et de la saynète burlesque. Tous deux, *grands et gros hommes*, après avoir conversé ensemble quelques heures, *à travers un nuage de fumée*, devant Maupassant béant d'admiration, l'emmènent à la foire Saint-Romain. Là, ils improvisent une espèce de parade en dialecte normand où Bouilhet tient le rôle d'un mari qui échangerait des impressions naïves avec Flaubert, son épouse [69].

Certes Maupassant, endoctriné par de tels maîtres, ne se contente pas d'être un disciple appliqué. Il est pourvu d'une mémoire prodigieuse, aussi rapide que fidèle, d'une mémoire que la maladie n'altérera jamais et qui devait plus tard étonner les moins attentifs [70]. Il lit avec facilité. Il retient aisément. Les œuvres de Hugo, Sainte-Beuve, Théophile Gautier, Bouilhet le disposent à écrire des poèmes d'un réalisme modéré. Mais les romans de l'époque romantique ne lui plaisent guère. Il étudie curieusement les artifices dont use Balzac, paie un tribut de ferveur au *Père Goriot*, à *la Cousine Bette*. Mais il leur préfère des narrations sobres et sèches, comme *Colomba*, ou ces sommes de perversité intellectuelle et de stratégie érotique que sont *Clarisse Harlowe* et *les Liaisons dangereuses*. Apprêtant un peu *sa figure gaie et spirituelle* [71], il se donne volontiers une allure de roué. Lorsque, plus tard, vers 1876, par déférence pour Laclos, il choisit le pseudonyme de Valmont, il témoigne d'une remarquable duplicité : si on lui reproche de s'attribuer le nom d'un élégant sans cœur, il peut répondre, avec une feinte candeur, que Valmont est un charmant village de l'arrondissement d'Yvetot auquel le relient maints doux souvenirs d'enfance.

Louis Bouilhet

Enthousiasme préliminaire

Guerre

Une fois terminées ses études secondaires, sachant que les écrivains qui n'exercent pas un second métier sont induits, comme Chatterton, à la tentation de se détruire, il gagne Paris (octobre 1869) pour y vivre auprès de son père, qu'il compte tenir en tutelle, et pour y préparer une licence en droit. La déclaration de guerre l'y surprend. Versé dans l'intendance, il est dirigé sur Rouen. Il fait campagne. Il ne participe pas directement à la cruelle réalité des combats, mais connaît la burlesque horreur d'une déroute dont il ne souffre pas trop physiquement, car il est bon marcheur [72]. Puis il reste enfermé dans Paris investi. Il a l'impression que les intrigues diverses qui se nouent entre les militaires ne le concernent pas. Il exulte de ne pas être, à cause de son affectation sédentaire, contraint de manier les armes. Il s'*embête abominablement* [73].

Mais cet ennui de riz-pain-sel désœuvré ne l'empêche pas d'enregistrer dans sa prodigieuse mémoire ce qu'il voit. Ses observations jettent en lui les germes d'une haine complexe dont, sa vie durant, il surveille et favorise la croissance. Il commence à détester les hommes politiques. Il leur reproche de ne prêter aucune attention à l'intérêt général de leur patrie et de toujours chercher leur profit particulier. Au lieu de préparer des événements historiques favorables au développement de leur nation, ils utilisent les conjonctures les plus tragiques à servir leurs médiocres desseins personnels. Pour abuser les peuples, ils se contentent de vilipender et d'abattre de vains fantoches. La France est, peu ou prou, un autre Canneville, bourg normand où le docteur Massarel, « gros homme sanguin, chef du parti républicain dans l'arrondissement, vénérable de la loge maçonnique du chef-lieu, président de la Société d'agriculture et du banquet des pompiers, et organisateur de la milice rurale [74] », massacre un buste de Napoléon III en s'écriant : « Périssent ainsi tous les traîtres [75] ! »

Maupassant abhorre les militaires. Il constate que, seul, un homme qui n'a pas son bon sens peut regarder sans dégoût ces experts en *boucheries d'hommes*, admettre sans scandale qu'*on les accable d'honneurs*, admirer leurs oripeaux sans restriction mentale, lorsqu'ils *passent fiers, respectés, aimés des femmes, acclamés par la foule, uniquement parce qu'ils ont pour mission de répandre le sang humain* [76].

Maupassant maudit la guerre. Il la tient pour une tradition des époques barbares. S'il considère les Prussiens comme des gens abominables, c'est certes parce que, bourreaux ingénieux, ils ont infligé à des civils français sans défense des souffrances injustifiables, mais surtout parce qu'ils idolâtrent la guerre, la transformant en une vertueuse divinité, en une adversaire implacable du matérialisme, alors qu'en fait elle force ceux qu'elle incorpore parmi ses fidèles à *ne penser à rien, ni rien étudier, ne rien apprendre, ne rien lire, n'être utile à personne, pourrir de saleté, coucher dans la fange, vivre comme les brutes dans un hébétement continu, piller les villes, brûler les villages, ruiner les peuples* [77]. Et

Fier, respecté, aimé des femmes.

Maupassant de proposer que l'on traduise devant une Haute Cour de Justice tout gouvernement qui aurait commis le crime de déclarer la guerre [78].

Il ne faut pas pourtant déduire de tant de diatribes passionnées qu'il engage l'homme à se laisser spolier et tuer sans esquisser le moindre geste de défense ou de protestation. Il lui permet d'obéir aux injonctions de ses instincts lorsqu'une force ennemie menace tout ce qui garantit matériellement et moralement le libre exercice de sa vocation. Or, par un singulier paradoxe, ni les politiciens, ni les militaires, ni les membres des classes dirigeantes ne songent à faire cette guerre juste. S'ils y consentaient, ils risqueraient de perdre leur prestige, de compromettre leur fortune, de priver leurs enfants des privilèges qu'ils ont acquis à force de ruse et de cafardes usurpations.

Francs-tireurs

Une fois Paris dégagé, revenant auprès de sa mère se consoler de ses dégoûts, Maupassant écoute les récits de ses amis paysans. Il découvre soudain quels aspects, au reste atroces, peut prendre une guerre légitime. Il s'aperçoit que, seuls, les humbles excellent à en livrer les obscurs combats, parce qu'ils restent fidèles à l'esprit du sol qui les nourrit. Les vrais héros des engagements sans honneurs visibles qu'elle prescrit, ce sont les ruraux, dépossédés de leur raison d'être, et les filles, qui assument avec plus de candeur que les pimbêches bourgeoises leur condition de femme. Rachel, une prostituée d'origine israélite, égorge un fragile monstre sadique *avec un petit couteau à dessert à lame d'argent* [79]. Saint Antoine, frappant *d'un coup sec sur la tempe, avec la poignée de* son *fouet* l'Allemand, qu'il crève de mangeaille pour le ravaler au rang des verrats, l'assomme [80]. Le Père Milon, voulant venger son père et son fils, abat tous les isolés envoyés en mission par l'état-major qui occupe sa ferme [81]. La Mère Sauvage boute le feu à la grange où dorment quatre jeunes soudards [82]. Écœurée par la lâcheté combinarde de son amant, le glorieux capitaine Épivent, Irma change son corps prodigué et malsain en machine à contaminer les ennemis qui occupent sa province ; ce qui lui inspire, sur son grabat d'agonisante, cette suprême malédiction : « Ah! oui, tu es un joli poseur. Je te connais, va. Je te connais. Je te dis que je leur ai fait plus de mal que toi, moi, et que j'en ai tué plus que tout ton régiment réuni,... va donc... capon! [83] »

Ministère de la Marine

Bureaucratie

Après avoir subsisté quelque temps d'une rente que lui sert son père, Maupassant, plein d'arrière-pensées, se résout à devenir, du moins provisoirement, bureaucrate. Il occupe d'abord des fonctions administratives au ministère de la Marine (1872-1878), puis au ministère de l'Instruction publique (1878-1880). Commis peu zélé, il bâcle les besognes faciles et fastidieuses qu'on lui confie pour s'appliquer de son mieux à mener à bien ses entreprises littéraires. Il récrimine sans cesse. Le temps qu'il passe dans son bureau lui paraît s'écouler avec une déprimante lenteur [84]. L'absence de lumière diurne l'y maintient, en hiver, dans un état de vague mélancolie. Il y pousse des imprécations contre décembre, *le mois noir, le mois sinistre, le mois profond, le minuit de l'année* [85]. Les travaux quasi machinaux qu'il exécute pour justifier le maigre traitement qu'il touche, lui détériorent les rouages de la pensée [86]. Il se croit persécuté par son chef, qui le contraint à gratter du papier dans la même pièce que lui, pour l'empêcher de réussir les évasions oniriques qu'il médite en tapinois [87]. Il lui semble qu'une Providence maléfique le livre en proie à de médiocres démons : *Mon bureau est un enfer* [88]. Quelquefois, n'en pouvant plus, il cesse d'observer la décence qu'il respecte d'ordinaire dans son écriture ; témoin cette plainte d'une grossièreté inhabituelle : *Quant à moi, je suis dans la merde jusqu'au cou, plongé dans des embarras et des tristesses inexprimables* [89]. Lorsqu'il parvient à occuper une situation moins servile, la considération que ses supérieurs et ses égaux lui témoignent ne le divertit point du chagrin qu'il ressent à exciter la jalousie des petits employés. C'est avec plus de détresse que de gouaille qu'il déclare : *J'ai déplu au lampiste qui n'a pas encore voulu me donner ma lampe* [90]. Bref, il se considère, pendant huit ans, comme une constante *victime des ministères* [91].

Bords de Seine

Pour ne pas périr d'anémie et d'ennui, lui qui est travaillé par un excès d'énergie vitale, il emploie les rares moments de congé dont il bénéficie à visiter les environs de Paris. Aspirant à se plonger périodiquement dans une sorte d'eau lustrale qui purifierait son corps sali par une immonde routine, il évite les sites arides. Cernay l'enchante avec ses *vaux remplis de cascatelles* [92]. Il rêve sur les rives de l'étang de Saint-Quentin où palpitent *des centaines de poules d'eau* [93]. Mais quels que soient les agréments qu'il tire de ses excursions dans la vallée de Chevreuse et les lieux qui l'avoisinent, c'est sur les bords de la Seine, entre Bezons et Sartrouville, qu'il reprend goût à l'existence. Changeant de domicile selon les caprices de sa fantaisie poétique, il partage ses loisirs entre la natation et le maniement de la rame. Il se plaît singulièrement à faire glisser sa yole sur des flots nocturnes [94]. Les femmes qu'il rencontre dans les guinguettes riveraines

Restaurant Fournaise

excitent sa concupiscence attendrie. Tout en abusant d'elles, Maupassant, que sa vénération pour les écrivains du seizième siècle induit à user d'un langage archaïque, se garde bien de mépriser les *putains* qu'il charge dans une *nauf vélifère* [95]. Naïades des fleuves, elles participent de leur innocence primitive. Il n'ignore point, cependant, que leur fréquentation l'expose à certains dangers. Sollicité de commenter en quelques vers l'image d'une tête de chien qui orne une paroi du fameux restaurant Fournaise, à Chatou, il rédige cet avertissement prophétique :

Sauve-toi de lui, s'il aboie;
Ami, prends garde au chien qui mord;
Ami, prends garde à l'eau qui noie :
Sois prudent, reste sur le bord.

Prends garde au vin d'où sort l'ivresse :
On souffre trop le lendemain...
Prends surtout garde à la caresse
Des filles qu'on trouve en chemin [96].

Frappé par l'originalité des mœurs de la jeune bohème qui multiplie ses incartades non loin de la fabuleuse terrasse de Saint-Germain, au grand déplaisir des *habitants du pays* [97], Maupassant rêve d'en devenir le témoin fidèle et véritable. Il recueille *les meilleures histoires de canotiers* dont on lui ait fait confidence. Il transpose sans les dénaturer les aventures scabreuses dont il est l'acteur. Il compose dès 1875 ce qu'il nomme, à la façon de Balzac, des *scènes*, dont il compte *faire un petit livre assez amusant et vrai* [98]. Il ne mène pas à bien ce séduisant projet. Mais, conservant dans ses dossiers les esquisses qu'il a d'abord jetées sur le papier, il en considère l'ensemble comme une réserve de thèmes où il puise volontiers, si bien que toute son œuvre atteste une fidélité préférentielle aux souvenirs des années où, tant de fois, il *cuyda laisser peau des mains sur avirons* [99].

Dans certains de ses contes de canotage les mieux venus, oubliant sa réserve, il intervient personnellement. En 1890, il se rappelle avec mélancolie les charmes brutaux d'une jeunesse endiablée ; il avoue, lui, *l'homme arrivé qui peut jeter des grosses sommes pour un caprice d'une seconde : Comme c'était simple, et bon, et difficile de vivre ainsi, entre le bureau à Paris et la rivière à Argenteuil ! Ma grande, ma seule, mon absorbante passion, pendant dix ans, ce fut la Seine* [100]. Il peint avec minutie les collines et les jachères entre lesquelles elle roule ses flots limoneux. C'est le petit bois des Champioux, aux environs de Bezons, qui semble un lopin du terroir breton transporté par les fées au cœur de l'Ile-de-France [101]. C'est l'*inextricable fouillis de lianes, de feuilles et de roseaux* qui fait de l'Ile-aux-Anglais un paradis où la vierge nature s'abandonne à son exubérance [102]. C'est l'île de Croissy sur *les larges gazons* de laquelle la lune répand *une molle clarté, comme une poussière de ouate* [103], le mont Valérien embrasé par les feux du couchant [104], l'adorable « coteau de Louveciennes, tournant avec le fleuve [105] », La Frette dont la côte est *couverte de lilas en fleurs* [106], le *vieux moulin monumental* qui enjambe *avec ses deux arches un tout petit bras du fleuve* non loin de Maisons-Laffitte [107].

Un tel décor, dont la beauté discrète induit à de volup-

La Grenouillère

tueuses songeries, est animé par le peuple bruyant des canotiers et de leurs barreuses. Certaines d'entre elles inspirent à Maupassant d'âpres croquis à la Toulouse-Lautrec : *De grandes filles en cheveux roux, étalant, par-devant et par-derrière, la double provocation de leur gorge et de leur croupe, circulaient, l'œil accrochant, la lèvre rouge, aux trois quarts grises, des mots obscènes à la bouche* [108].

Une légère horreur perce dans ces lignes. En revanche, Maupassant ne peut songer sans attendrissement à d'autres créatures plus discrètes qui ont agrémenté, dans la mesure de leurs moyens, ses loisirs de bureaucrate écœuré. Elles appartiennent pour la plupart à la classe sans souci des ouvrières parisiennes. Sœurs puînées de Mimi Pinson, elles ne sont pas jolies. Elles boitillent en marchant. Elles n'exhibent pas ces appas opulents qui avantagent les garces bien nourries. Chacune d'entre elles ressemble à *une ébauche de femme* [109]. Un peu folles, victimes d'une pesante hérédité d'éthylisme et de misère, elles flottent toujours entre deux remous d'alcool. Mais elles ont la repartie prompte. Elles poivrent leurs moindres propos avec *cette drôlerie qui tient lieu d'esprit aux titis mâles et femelles éclos sur le pavé de Paris* [110]. Elles évitent les complications sentimentales. Maîtresses d'un équipage et non d'un seul amant, elles partagent leurs faveurs avec équité entre tous ceux qui les nourrissent, les abreuvent et les distraient. Si elles conçoivent un espoir de maternité, loin de se désoler, elles se réjouissent courageusement, rêvent pour leur futur enfant d'un destin d'exception, qu'une fausse couche, effet de leur imprudence et de leur anémie, empêche souvent de s'accomplir [111]. Mais il leur arrive aussi de devenir de respectables matrones qui, trônant derrière un comptoir de buraliste, demandent à leur mémoire égrillarde des thèmes de divertissement et admirent la haute prestance de leur fils, *chef de bureau à la mairie... futur sous-préfet* [112].

La faune de la Grenouillère

Une petite brune maigre avec des allures de sauterelle

Au reste, Maupassant est un écrivain trop véridique pour dissimuler que les mœurs des canotiers, agressivement brutales, ont de quoi répugner aux âmes délicates. Paul Baron, fils d'un sénateur, client de la maison Fournaise et du bal de la Grenouillère, ne consent à assister au charivari perpétuel, auquel se livrent les habitués de ces lieux réprouvés, que pour complaire à sa maîtresse, *petite brune maigre avec des allures de sauterelle* [113]. Lui, qui souhaiterait connaître en sa compagnie les agréments d'un amour sinon chaste du moins rafraîchi par d'enfantines privautés, il s'effraie que la société corrompue où elle se mêle excite en elle des désirs dépravés. Et quand elle y devient la proie consentante de la lesbienne Pauline, « grosse blondasse habillée en homme, avec un veston de flanelle blanche [114], » il demande à l'eau compatissante de lui accorder l'oubli.

Par une ambivalence prévisible, l'eau, symbole des genèses, est aussi, aux yeux de Maupassant, une correspondance de la mort. Elle charrie les images d'un au-delà très proche. Qui s'aventure sur la surface d'un fleuve nocturne, éprouve bientôt un sentiment confus de dépaysement. Il lui semble que le monde régresse vers le chaos, qu'il est *tiré par les pieds tout au fond de cette eau noire* [115] ; aussi n'échappe-t-il qu'avec peine à la tentation du suicide. D'ailleurs, l'idée de s'anéantir par immersion exerce, d'après Maupassant, une séduction impérieuse sur les mélancoliques. Lorsqu'ils souhaitent suspendre le cours du temps, éterniser le moment mystique d'une *alliance chaste, intime, absolue* [116], effacer les marques du malentendu qui l'a rompue, ils choisissent souvent de se laisser glisser *dans la Seine, entre Bougival et Marly* [117], dans cette Seine sur les bords de laquelle bien des innocents, bafoués par les lazzi des canotiers et de leurs petites alliées, ne s'habituent pas au mal d'exister : témoin cette Yvette qui, fille d'une impure, refuse d'être traitée par les amis de sa mère comme un futur butin et, transposant dans l'univers du trépas ce qu'elle a vu, riveraine de la Seine, dans l'univers vulgaire de la vie, rêve, après s'être saturée de chloroforme, qu'elle vogue *sur un grand bateau qui passe le long d'un beau pays tout couvert de fleurs* [118].

Brimades et farces paniques

Quoique, dans ses scènes de canotage, Maupassant idéalise et attife de son mieux une réalité souvent triviale, il ne laisse pas de donner, entre 1872 et 1880, de fréquents signes d'infantilisme. Dans ses divertissements frénétiques, il est aussi brutalement sot que ce galopin de quinze ans dont l'ingéniosité le délecte, et qui jette une poignée de phosphure de calcium dans le vase de nuit d'une respectable douairière. Cet *objet blanc*, après avoir rempli son office, produit soudain une gerbe *de flammes rapides et flottantes comme le feu grégeois des anciens* [119].

Pareil aux adolescents restreints qui se révoltent contre la discipline de leur collège, Maupassant organise une société secrète de farceurs. La lecture de *la Tentation de saint Antoine* lui révèle l'existence mythique de Crepitus, petit dieu latin des soulagements sonores. Il s'esclaffe et décide que lui et quelques chenapans de haut vol formeront la compagnie des *Crépitiens*. A l'un de ses complices, il envoie une épître de Noël non datée où il décrit ses prouesses érotiques dans une écriture qui lui donne la double volupté de la scatologie et du sacrilège : *Quoique Laure soit une chimère et que je sois crépitien, j'ai suivi et servi cette chimère peu crépitiennement.* Confiteor. Mea culpa. *A ce soir, j'ai préparé des rafraîchissements pantagruéliques.* Tibi in crepito. Et il signe de son nom d'initié : *Joseph Prunier* [120].

C'est qu'on n'entre pas dans la cabale des Crépitiens, qui est sans doute identique à cette *Société des Maquereaux* dont Léon Hennique parle à Edmond de Goncourt [121], sans passer par de dures épreuves où l'impétrant doit attester sa disponibilité sexuelle et sa résistance au supplice du pal. A l'issue de ces épineuses cérémonies, on le pourvoit d'un nom secret, qui, parfois, brave l'honnêteté. Maupassant révèle les plus décents parmi les sobriquets auxquels répondent les conjurés de ses amis : Petit-Bleu, Tomahawk, La Tôque, N'a Qu'un Œil [122]. Il avoue avec désinvolture que les mystères auxquels il préside peuvent entraîner de dangereuses conséquences. Un de ses camarades du ministère, auquel il a imposé un surnom trop obscène pour être reproduit, meurt peu de temps après avoir pris rang parmi les maquereaux crépitiens. Dans une lettre, sans doute adressée à une demoiselle de petite vertu, Maupassant déclare : *On a prétendu que notre persécution avait abrégé ses jours* [123]. Mais cette imputation ne l'émeut guère. Quoique la police veuille recueillir son témoignage, il exulte. Rien n'est plus pénible à lire que les outrages rabelaisiens dont il souille la mémoire d'un malheureux défunt.

Il arrive que les Crépitiens montent sur les planches et régalent un public restreint de soties de leur invention. Maupassant, qui excelle à trouver des grivoiseries allusives, écrit en collaborant avec eux une saynète qu'il intitule : *A la feuille de rose, Maison turque.* Avec une fierté ingénue, il se vante que c'est là *une pièce absolument lubrique* [124]. Elle a pour lieu l'une de ces demeures chaudes que certains gouvernements tolèrent si la morale les réprouve. Elle daube sur la naïveté de deux jeunes mariés qui y pénètrent de bonne foi, la prenant pour une respectable pension de famille, alors que c'est le théâtre clos d'un pandémonium où gesticulent, entre autres, une odalisque, un vidangeur, un bossu frénétique, un Anglais, un capitaine retraité, un portier-factotum qui est passé par un séminaire.

Maupassant et ses émules en espièglerie montent avec soin cette œuvre impossible. Ils sont puissamment aidés par le peintre Maurice Leloir, qui transforme en théâtre son atelier du quai Voltaire, brosse à leur intention des décors baroques, les maquille, les costume. Vers le début d'avril 1875, ils lancent des invitations sarcastiques où ils se déclarent résolus à n'admettre *que les hommes au-dessus de vingt ans et les femmes préalablement déflorées.* Quant à *la loge royale*, on la destine à être *occupée par l'ombre du Grand Marquis* [125]. Les efforts des Crépitiens ont tant de succès qu'ils récidivent, le 31 mai 1877, dans l'atelier du peintre Georges Becker, rue de Fleurus. Plusieurs écrivains notoires, des actrices comme Suzanne Lagier, des lionnes comme Valtesse de La Bigne, assistent à cette seconde représentation. Maupassant et ses amis n'hésitent pas à tenir des emplois féminins.

Ils figurent dans une espèce de cancan au cours duquel ils gambadent devant un simulacre de l'immondice de l'homme en émoi. Ils sont déguisés en almées. Ils ont revêtu des maillots, décorés à l'entre-jambe d'une sorte de coquillage peint, verni, rose, béant. Dans l'ardeur de l'improvisation, ils hasardent les gestes d'une mimique si expressive qu'elle déconcerte les moins bégueules. Le sourire de Valtesse de La Bigne se crispe en rictus. Suzanne Lagier s'enfuit discrètement. Mais Gustave de Maupassant, chapitré par son fils, s'amuse sans réticence. Flaubert déborde d'enthousiasme et s'écrie : *Que c'est rafraîchissant !* Edmond de Goncourt, si on l'en croit, tâche, lui, de *dissimuler* son *dégoût* [126]. C'est pourtant sur sa demande expresse, et pour complaire à Zola et à Daudet que l'on a, non sans peine, *organisé cette reprise* [127].

Faut-il tenir *A la feuille de rose* pour une simple polissonnerie, pour un scandaleux essai de libé-

Projets de costumes pour A la feuille de rose

ration anarchique ? Non. Entre 1872 et 1880, Maupassant, qui se croit destiné, à tenir dans le concert des lettres une partie de poète réaliste, essaie de glorifier en vers l'union de l'homme et de la femme, à laquelle il prête une valeur cosmique. Faisant chaque jour, dans les bureaux où on le confine parmi des faux-semblants, l'expérience de ce que Rabelais appelle, avec une horreur dégoûtée, l'*Antiphysie*, plus amusé que séduit par les gamines dégénérées qu'il trousse, il aspire, fort de son éducation rustique, à se joindre avec la nature dans la personne d'une robuste paysanne. S'il s'abstient de verser dans une insoutenable démesure priapique, il témoigne, dans certaines de ses publications, d'un tel manque de retenue qu'il attire sur lui l'attention d'une pudibonde magistrature. Le parquet d'Étampes ouvre une information contre lui. Le 14 février 1880, il subit *un long interrogatoire* d'un juge *d'instruction* qui *fort poli*, dissimule sous la

AU BORD DE L'EAU

Nous hâtons sans répit cet amour qui nous mange

courtoisie de ses manières la gêne qu'il ressent [128]. Parue dès 1876, la pièce incriminée : *Au bord de l'eau*, mérite de retenir l'attention, sinon pour sa valeur littéraire, du moins pour son intérêt documentaire. Elle narre encore une fois les amours de l'auteur avec une fille des eaux. Celle-ci exerce le métier de lavandière. Les mousseux travaux auxquels elle se livre ont pour effet d'avantager ses appas : *les rondeurs de la croupe et les rondeurs des seins* [129]. Ignorant les mœurs urbaines, qui prescrivent que l'amant, avant d'obtenir le don de merci, emprunte toutes les voies de la carte du Tendre, elle s'offre généreusement :

Elle fixa sur moi son regard effronté,
Dégrafa sa chemise, et sa ronde poitrine
Surgit, double et luisante, en pleine liberté [130].

Elle fuit dans la nuit avec une aguichante coquetterie de nymphe surprise. Des animaux auguraux rendent les obscurs oracles de l'univers complice : *Un rut puissant tombait des brises attiédies* [131]. Mais le grand Pan se tait lorsque retentissent les râles de l'amour qui se cherche, et ce dernier se change en mortelle frénésie. Ému par un frisson prophétique, Maupassant écrit ce vers maxime : *Nous hâtons sans répit cet amour qui nous mange* [132], et souhaite mourir dans une pariade suprême, songeant avec joie que l'on jettera dans un trou, sans sacrements et sans cérémonies, l'être double qu'il aura contribué à former.

Son pansexualisme s'exprime mieux encore dans le long poème intitulé : *Vénus rustique.* Celle-ci, enfant trouvée sur le bord de la mer normande, a, dès sa première enfance, le singulier pouvoir de jeter les hommes et les femmes dans une espèce de délire. Ils ne se connaissent plus lorsqu'ils respirent *le grand parfum d'amour de cette fleur humaine* [133]. Elle précipite les mâles les uns contre les autres. Les bêtes, lorsqu'elles l'approchent, sont parcourues par des spasmes. Elle renouvelle sa puissance en s'accordant de longs bains nocturnes. Elle meurt, victime d'un vieux faune délirant. Ainsi disparaît, beauté vaincue par la ruse,

... l'Être absolu, créé selon les lois
Primitives, le type éternel de la race [134].

Petites gens

Mais, entre 1872 et 1880, Maupassant n'est pas seulement occupé à secouer la mélancolie des ministères en combinant des fugues nautiques ou des comédies phalliques. Curieux de mener à bien les travaux préparatoires d'un strict apprentissage littéraire, il se garde de rien dédaigner. Il compose un drame historique à la manière de Louis Bouilhet et quelques levers de rideau. Se défendant de n'être que l'historien attendri ou gouailleur des viveurs sans morgue qui hantent les bords de la Seine, il conçoit de grands projets méthodiques. Parlant à sa mère d'un roman fantastique, auquel il s'applique avec beaucoup de zèle et peu de génie, il ajoute, en 1875 : *Je ferai en même temps que mes nouvelles de canotage une série de nouvelles intitulée :* Grandes Misères des petites gens. *J'ai déjà six sujets que je crois très bons. Par exemple, ce n'est pas gai* [135]. Ayant été, par son éducation aristocratique et campagnarde, préservé de tout contact sympathique avec les membres de la petite bourgeoisie urbaine, Maupassant, un peu malgré lui, les découvre pour la première fois. Les petites gens, ce sont les boutiquiers et les employés qu'il

▲ *Où les petites gens ruminent leurs grandes misères*

côtoie journellement sur les flancs de la colline Montmartre où il habite. Ce sont ses voisins du neuvième, du huitième, du dix-septième arrondissement. Ce sont les fonctionnaires sans espoir qu'il croise dans les couloirs des ministères. Il les observe. Il définit leurs singularités. Ainsi se constitue-t-il un riche assortiment de matériaux bruts où il ne cesse d'emprunter jusqu'à sa mort.

Murés dans leur condition subalterne par la médiocrité de leurs moyens de fortune, les petites gens tâchent de s'en évader. Ils croient qu'une modeste aisance leur permettrait de jouir d'une liberté dont ils ne se représentent que malaisément les délices. Le moindre espoir d'améliorer leur vie quotidienne allume en eux d'ardentes passions. La perspective d'hériter, abolissant dans leur cœur les sentiments d'affection naturelle qu'ils devraient porter à leurs parents, les transforme en rapaces, prêts à déchirer ceux qui leur disputent, par leur simple présence, la jouissance du bien qu'ils convoitent [136]. Si quelque ancêtre un peu sadique ne consent à leur transmettre sa richesse que sous certaines conditions difficiles voire impossibles à remplir par des moyens décents, ils n'hésitent pas à verser dans la pratique d'une immoralité profitable, quitte à rejeter avec dégoût les instruments dont ils se sont servis pour parvenir à leurs fins, oublier leur utile inconduite, et reprendre, une fois délivrés de la soif d'acquérir, l'aspect de l'honorabilité la plus tatillonne [137]. Les épouses des petites gens, moins résignées que leurs maris, cherchent souvent à se donner l'apparence d'un luxe dont elles ne disposent pas. Elles instaurent de la sorte une expérience de magie sympathique, propre, pensent-elles, à conjurer la malignité du destin. Leurs desseins téméraires les engagent à se livrer aux fructueux travaux d'une prostitution clandestine dont leurs époux, au cas où la mort les frappe inopinément, finissent par tirer les éléments d'une vergogneuse opulence [138]. Si elles essaient de briller par des procédés licites, elles sont affreusement punies de leur innocente démesure, et, lorsqu'elles pourraient jouir des avantages qu'elles se sont acquis à leur insu, elles sont trop usées pour s'en prévaloir [139].

Ce qui caractérise le comportement des petites gens, c'est, selon Maupassant, un constant guignon. Ils n'ont pas le droit de faire coïncider leurs rêves de puissance et la réalité de leur existence. S'y risquent-ils, ils en souffrent à jamais. Hector de Gribelin, « commis à quinze cents francs au ministère de la Marine », voulant se persuader qu'il ne souffre pas d'une irrémédiable déchéance, loue un cheval et organise, pour sa femme et ses enfants, *une partie de plaisir*, mais, n'étant plus rompu aux règles élémentaires de l'équitation, il renverse une vieille femme qui, profitant de cet accident comme d'une heureuse occasion, accroît ses difficultés pécuniaires par un chantage astucieux et constant [140].

En outre, la campagne est toxique pour les petites gens. Lorsqu'ils sortent de leur cadre citadin, ils subissent si violemment les charmes de la nature qu'ils oublient leur timidité et, transportés par une agréable démence, commettent des actes inconsidérés, dont ils conçoivent ultérieurement d'amers regrets. Pour avoir été les objets des galantes entreprises de deux canotiers, experts, comme deux héros de Boccace, à faire chanter le rossignol, Mme Dufour, quincaillière rue des Martyrs, et sa fille Henriette s'étiolent de mélancolie derrière leur comptoir et déplorent la maladresse des hommes de leur classe [141]. François Teissier, qui habite *les Batignolles* et est *employé au ministère de l'Instruction publique*, emmène à Maisons-Laffitte *une honnête fille* qu'il rencontre chaque matin dans l'omnibus. Ils pénètrent tous deux dans le bosquet de lilas qui environne La Frette. Et Maupassant d'écrire cette phrase caractéristique : *Elle se donna tout entière sans savoir ce qu'elle faisait, sans comprendre même qu'elle s'était livrée à lui* [142]. A la suite de cette incartade inconsidérée, un remords lancinant, dont un sentiment de paternité frustrée aggrave les angoisses, rend plus lugubre encore cette *existence monotone et morne des bureaucrates, sans espoirs et sans attentes*, que mène François Teissier [143]. Un membre de la même caste, *employé au ministère de la Marine*, apercevant par malheur de son *bureau un petit bout de ciel tout bleu où volaient des hirondelles*, s'enfuit en bateau-mouche vers les Saint-Cloud rêvés. Il y rencontre une jeune

UNE PARTIE DE CAMPAGNE

Dangereuse ivresse d'une quincaillière et de sa fille

fille, une cousette. Il l'épouse. Elle devient une virago semi-démente. Sans doute convient-il de citer le portrait que Maupassant en fait, car il montre l'espèce de dénaturation à laquelle un fastidieux train-train expose les femmes des petites gens. C'est le malheureux mari qui parle : *Elle vous injurie du matin au soir, ne comprend rien, ne sait rien, jacasse sans fin, chante à tue-tête la chanson de Musette (oh! la chanson de Musette, quelle scie!), se bat avec le charbonnier, raconte à la concierge les intimités de son ménage, confie à la bonne du voisin les secrets de l'alcôve, débine son mari chez les fournisseurs, et a la tête farcie d'histoires si stupides, de croyances si idiotes, d'opinions si grotesques, de préjugés si prodigieux, que je pleure de découragement, Monsieur, toutes les fois que je cause avec elle* [144].

Soucis de carrière

Durant son temps de purgatoire dans les ministères, Maupassant n'ignore point que, s'il se confine dans une trop jalouse solitude spirituelle, il ne saurait penser parvenir. Aussi ne néglige-t-il point d'entretenir avec les écrivains de son temps d'utiles relations. Je m'abstiendrai de citer ici les historiettes qui permettraient de caractériser vainement les particularités de ses premières participations à la vie littéraire parisienne. Mais je note que, loin de se laisser séduire par l'élégant impérialisme de celle-ci, il entend affirmer son autonomie et protéger la liberté de ses jugements. Il refuse de donner une adhésion sans réserves aux doctrines d'une coterie déterminée. Certes il aimerait que lui-même et les plus zélés parmi ses compagnons fussent à *l'origine de quelque chose* [145], mais il se refuse à prévoir la consistance de leurs futures inventions. Se tenant provisoirement pour satisfait des maximes que lui fournit une esthétique un peu scolaire, répétant avec une cuistrerie volontaire : *le beau est la splendeur du vrai*, il se contente d'exiger de ceux qui se préparent à courir la carrière des lettres une *vision... toujours juste.*

Celle-ci leur permettra d'emblée de s'approprier des objets exacts. Puis, grâce à une technique d'*interprétation*, à la fois minutieuse et capricieuse, ils imposeront à ces derniers une forme, une couleur, une compréhension nouvelles. Ils les transposeront dans un monde romanesque qui correspondra au monde vulgaire comme à l'humble réel une transcendante idée [146].

Ce platonisme banal, ce réalisme scolastique n'empêchent pas Maupassant, qui a lu Béroalde de Verville, d'essayer parfois d'élaborer, avec une impatience ironique, certains *moyens de parvenir* [147]. Fréquentant les salles de rédaction, où les journalistes cherchent *les causes profondes, secrètes* des faits, *avec une curiosité professionnelle et une indifférence absolue* [148], non seulement il s'efforce d'appliquer leurs méthodes lorsqu'il prépare la matière des récits qui le préoccupent, mais rêve de s'associer à certains d'entre eux afin d'élaborer avec leur assentiment d'ambitieuses machinations qui les puissent charger d'une incontestable puissance occulte. Avec naïveté, il écrit, autre Ferragus échappé de l'*Histoire des Treize : A cinq on peut bien des choses, et peut-être y a-t-il des trucs inusités jusqu'ici* [149].

Pourtant, lorsqu'on l'exhorte à devenir membre d'une vénérable société fermée : la Franc-Maçonnerie, il répugne à entreprendre les démarches nécessaires. Il refuse d'aliéner sa liberté en prêtant certains serments, en communiquant à certains rites, dont il admet l'innocence, mais qui auraient pour effet de le forcer à considérer comme ses pairs des hommes dont il méprise la vulgarité. Il craint, d'autre part, d'être tenu à l'écart par sa famille et par les alliés de celle-ci. Or un romancier doit pouvoir fréquenter des représentants de toutes les classes de la société, sans que ces derniers se méfient de lui, le considérant comme un fanatique. C'est pourquoi Maupassant, tout en attribuant, par modestie, des mobiles assez bas à sa conduite, n'hésite pas à rédiger à ce propos une importante déclaration dont on apercevra la générosité, dissimulée à dessein sous les figures d'une rhétorique dénigrante : *Par égoïsme, méchanceté ou éclectisme, je veux n'être jamais lié à aucun parti politique, quel qu'il soit, à aucune religion, à aucune secte, à aucune école... Je veux qu'il me soit permis d'attaquer tous les bons Dieux, et bataillons carrés, sans qu'on puisse me reprocher d'avoir encensé les uns ou manié la pique dans les autres, ce qui me donne également le droit de me battre pour tous mes amis, quel que soit le drapeau qui les couvre* [150].

Jusqu'à la fin de sa vie, Maupassant nourrit contre les cabales qui, en France, luttent sourdement les unes contre les autres une dédaigneuse aversion. En 1882, pour mieux manifester ses convictions, il imagine une sorte de fable cocasse où il oppose un bas dignitaire de la Maçonnerie à un père jésuite. Après avoir réputé *les francs-maçons plus bêtes que les vieilles dévotes* [151], il les tourne en dérision pour avoir fabriqué une religion artificielle, aux obédiences absurdes et multiples dont toutes les cérémonies sont évacuées. Il se gausse de leur haine de *l'esprit monarchique*, eux qui, depuis la fondation de leurs conciliabules, élisent comme grands-maîtres tous les potentats d'Europe. Il raille les signes qu'ils échangent entre eux et remarque avec mauvaise foi : *Les religieux, pour qui l'aumône et le secours sont un devoir et un métier, tracent en tête de leurs épîtres trois lettres : J. M. J. Les francs-maçons posent trois points en queue de leur nom. Dos à dos, compères* [152].

Flaubert

On peut maintenant apercevoir quelles conjonctures diverses, tant personnelles qu'intimes, ont depuis l'enfance aidé Maupassant à mener à bien son apprentissage du métier d'écrivain. Il l'achève entre 1872 et 1880, respectueux des semonces, docile aux conseils du plus exigeant des maîtres : Flaubert. Celui-ci est un pédagogue trop avisé pour essayer d'imposer à son disciple des notions et des habitudes intolérables. Il l'examine, tout d'abord, diligemment. Il détermine quelles sont les facultés dont l'exercice le contente, quelle nostalgie obscure ravage son âme, le but encore indistinct vers lequel il procède. Voulant l'aider, il ne s'efforce point de réduire à quelques idées conventionnelles les particularités de sa nature, mais à le rendre conscient de celles-ci, capable de les utiliser dans le travail opiniâtre d'une création romanesque.

Grâce à Flaubert, Maupassant constate que, de tous ses sens, c'est la vue qu'il prise le plus haut. C'est elle qui lui procure les plaisirs les plus durables et les plus délicats. Il ne se tient pas pour satisfait d'avoir cette *vision juste*, dont il vante aux écrivains de race la pertinence. Mais observe la façon dont procède son propre regard. Il veut en rendre plus efficaces les qualités, porter à sa perfection l'originalité des images qu'il obtient. Jusqu'à la fin de sa vie, il complète d'aperçus nouveaux les analyses qu'il consacre aux travaux de son œil. Certes il verse un tribut de gratitude aux deux grands peintres dont il a pu, dans sa jeunesse, alors qu'il séjournait à Étretat, admirer la virtuosité artisanale : Corot et Courbet [153]. Mais il reconnaît que leur exemple ne l'aurait pas requis, s'il n'avait été dès l'enfance possédé par *la sensation nette et profonde de manger le monde avec* son *regard* [154]. Comme l'un de ses inconstants et voluptueux héros, il pourrait s'écrier, devant un paysage sylvestre : *J'ai tout le bois dans les yeux ; il me pénètre, m'envahit, coule dans mon sang ; et il me semble aussi que je le mange, qu'il m'emplit le ventre ; je deviens un bois* moi-même [155].

Mais ces effusions cosmiques, ces émotions de sympathie universelle, pour fréquemment qu'elles surgissent dans la vie intérieure de Maupassant, n'abolissent pas le goût qu'il a de l'objet exactement circonscrit. Il se range avec lucidité parmi les écrivains que délectent les délices d'une vision de myope. Il porte un jugement sagace sur les descriptions qu'il compose, descriptions que caractérisent *le grossissement du détail, son empiètement sur le plan* [156]. Il souhaiterait accumuler dans son œuvre les *petits détails précis* [157]. Il leur prête, d'une part, une valeur confidentielle et, d'autre part, une vertu esthétique éminente, car, *insignifiants* en particulier, ils excitent une intelligente surprise, lorsque l'on considère le tout nombreux auquel ils s'intègrent. En 1885, il déclare :

Celui qui m'étonnera en me parlant d'un caillou, d'un tronc d'arbre, d'un rat, d'une vieille chaise, sera certes, sur la voie de l'art, et apte, plus tard, aux grands sujets [158]. Par cette phrase, il nous livre le sommaire de la principale des doctrines que lui a communiquées Flaubert.

Il importe maintenant de préciser la nature des relations intellectuelles qu'il entretient avec ce dernier, tandis qu'il essaie de se libérer par sa plume des servitudes du fonctionnariat. Flaubert se plaît à le nommer son *disciple.* Il n'attribue pas à ce mot une signification sociale éminente. Il se considère lui-même comme un modeste maître-artisan. Il souhaite que le fils de sa vieille amie Laure, apprenant de lui certaines recettes, se prépare à ajuster les pièces d'un chef-d'œuvre. Il attend de lui, en échange, les services dont un famulus zélé s'acquitte, d'ordinaire, pour s'instruire auprès de son patron. Travaillant à cette épopée platement lyrique de la bêtise humaine qu'est *Bouvard et Pécuchet,* il le charge de recueillir plusieurs des renseignements circonstanciés dont il a besoin pour illustrer l'ineptie de ses déplorables héros. Tantôt Maupassant lui communique des notes *sur les copistes du ministère* [159] au budget duquel il émarge, tantôt il compose à son intention un habile itinéraire d'Antifer à Étretat où abondent les plus subtiles remarques de géographie humaine [160]. Ce dernier exercice, pour fastidieux qu'il soit, le persuade qu'il ne faut pas obscurcir par un chaos d'objets divers l'ensemble des tableaux que l'on brosse : *Je me suis abstenu de toute description imagée pour tâcher de vous faire voir plus nettement* [161]. Mais Flaubert ne lui impose pas que des œuvres pacifiques. Tout en craignant que le dévouement absolu dont le gratifie son élève ne ravale ce dernier au rang méprisable de *séide* [162], il ne dédaigne pas d'en faire l'instrument de ses règlements de comptes particuliers. Il lui enjoint de se *livrer à des recherches dans Barbey d'Aurevilly (département de la Manche)* [163]. Le Connétable des Lettres s'étant rendu coupable de lèse-majesté à l'endroit de l'auteur de *Salammbô,* il importe que ce criminel expie et qu'on tire de ses œuvres des citations qui révèlent clairement son ignominie.

Maupassant regarde Flaubert comme son protecteur naturel. Il ne s'étonne pas que ce misanthrope l'aide de son mieux à surmonter les difficultés qui le gênent, à s'introduire dans la société des journalistes, à capter la bienveillance des directeurs de théâtre, à lénifier des juges trop pudiques. Il reçoit de lui des témoignages de tendresse virile dont il ne parvient pas à épuiser la douceur. Lui, qu'attriste l'égoïsme de son père, Gustave, et de son frère, Hervé, il s'étonne que sa simple présence suffise à humecter de larmes les paupières de son Mentor. Certes, ressemblant à Alfred Le Poittevin, il rappelle à cet ermite *toute sa jeunesse disparue.* Il en reçoit tant de témoignages d'affection qu'il se courbe sans rechigner sous le joug de sa tutelle [164]. Il peut bientôt prétendre, non seulement, comme l'affirme Taine, être *le vrai et l'unique successeur* de Flaubert [165], mais le seul témoin de ses démarches et de ses gestes intimes. Lorsque ce dernier se décide à détruire un important reliquat des lettres qu'il a reçues, Maupassant est prié d'assister à leur incinération nocturne. Soudain il tressaille. Son vieil ami vient de tirer d'un amas de feuillets « un petit soulier de bal en soie, et, dedans, une rose fanée roulée dans un mouchoir de femme, tout jaune en son cadre de dentelles [166] ». Trop bouleversé pour dormir, il compose cette strophe de poème en prose : *Voilà une vie, une grande vie, c'est-à-dire : beaucoup de choses inutiles qu'on brûle, l'indifférent passe-temps de chaque jour, quelques souvenirs marquants de faits sentis, d'hommes rencontrés, de tendresses intimes de famille, et une rose flétrie, un mouchoir et un soulier de femme* [167].

Mais les rapports de Maupassant et de Flaubert n'ont que rarement ce caractère élégiaque. Amateur de plaisanteries grivoises, ce dernier, que transportent les gravelures de *A la feuille de rose*, s'esclaffe aux confidences sotadiques dont son élève se plaît à le divertir. Il participe par la pensée à ses exploits de canotier et d'alcoviste. Il se réjouit de recevoir de lui, par un matin d'été, « une épître fort agréable et pleine du détail de ses lubricités canotières avec une grosse femme [168] ». Il ne se sent pas d'aise à l'idée que ce garçon, plein de vitalité, a peut-être *souillé l'Helvétie par ses obscénités* [169]. Il assiste

Gustave Flaubert ▶
Guy de Maupassant

Le disciple et le maître Guy de Maupassant et Gustave Flaubert. Ci-dessous, un passage d'une lettre écrite par Maupassant à Zola en mai 1880, au lendemain de la mort de Flaubert.

Je ne saurais vous dire combien je pense à Flaubert, il me hante et me poursuit. Sa pensée me revient sans cesse, j'entends sa voix, je retrouve ses gestes, je le vois à tout moment debout devant moi avec sa grande robe brune, et ses bras levés en parlant. C'est comme une solitude qui s'est faite autour de moi, le commencement des horribles séparations qui se continueront maintenant

en rêve aux prouesses de *l'obscène Guy* à Étretat [170]. Souvent il rivalise de verdeur avec lui et, lui dénonçant la négligence d'une amie commune, actrice en renom, il lâche, tout-à-trac, cette énormité : « Néanmoins, faites-lui une langue de ma part [171]. »

Cependant ces gauloiseries ne distraient jamais longtemps son attention. Après avoir découvert à Maupassant les étonnantes possibilités du regard humain, il saisit toutes les occasions pour lui rappeler l'urgence de ses devoirs envers lui-même. Il l'estime *charmant, intelligent, bon enfant, sensé et spirituel* [172]. Mais il l'accuse aussi d'être *un peu flâneur et médiocrement âpre au travail* [173]. Ayant discerné, de prime abord, son rare talent d'observateur des menuailles de l'espace du dehors et de l'espace du dedans, il s'applique à développer en lui *une manière individuelle de voir et de sentir* [174]. Avec quelle sévérité ne le morigène-t-il pas ! Tout en s'amusant de ses frasques, il lui prêche une salubre continence : « Vous vous plaignez du cul des femmes qui est *monotone*. Il y a un remède bien simple, c'est de ne pas vous en servir. » Il l'incite à corriger son écriture. Il lui prouve la nécessité d'un travail régulier et péremptoire. Il le supplie de ne pas dépenser en une vaine et stérile agitation le phosphore de sa substance cérébrale : « Trop de putains ! trop de canotage ! trop d'exercice ! » Et résumant en une phrase lapidaire l'éthique dont il conseille la pratique aux écrivains prédestinés, il écrit : « D'ailleurs, votre santé se trouvera bien de suivre votre vocation. Cette remarque est d'une philosophie, ou plutôt d'une hygiène profonde [175]. »

Cette hygiène implique aussi des travaux dont l'apparence scolaire a de quoi surprendre. A Maupassant, Flaubert rappelle, d'une part, « que le talent – suivant le mot de Chateaubriand (sic) – n'est qu'une longue patience ». Il essaie, d'autre part, de débarrasser sa mémoire d'une couche de nobles lieux communs, qui offusquent son regard comme un écran livresque. Puis, le plaçant devant des objets incontestablement déterminés et situés, il lui apprend, d'abord, à refréner les mouvements de son impatience innée, ensuite à braquer sur eux l'appareil de son attention « pour en découvrir un aspect qui n'ait été vu et dit par personne ». Il lui révèle ainsi peu à peu le mystère des choses familières que l'on ne distingue plus à force de les avoir trop perçues. Il ouvre sous ses yeux, sans s'abandonner jamais à la démesure romantique, l'abîme du petit inconnu. Il souhaite, en somme, que Maupassant s'adonne à une contemplation discriminante de l'univers qui élimine les feintes ressemblances des créatures entre elles [176]. Les résultats d'une telle ascèse restent strictement incommunicables tant qu'ils n'ont pas été réduits en une formule, en un bref propos. Que Maupassant se défie des fausses commodités de l'éloquence! Son Aristarque lui répète à satiété : « Quelle que soit la chose qu'on veut dire, il n'y a qu'un mot pour l'exprimer, qu'un verbe pour l'animer et qu'un adjectif pour la qualifier [177]. »

Mais il n'entend point que son disciple s'abuse et qu'il croie que la valeur expressive d'une phrase soit la simple somme sémantique des vocables qu'elle comprend. Leur signification doit être à la fois renforcée et complétée par une phonétique judicieuse et par une modulation appropriée : « Le rythme avant tout! » Un écrivain est, selon lui, un expérimentateur habile à varier les aspects d'une matière peu docile. Il doit, au prix d'une débilitante fatigue, se tenir aux aguets « pour changer, à tout instant, le mouvement, la couleur, le son du style, suivant les choses qu'on veut dire [178] ». Exposé aux épreuves de cette épineuse initiation, Maupassant, parfois, ne peut se tenir de regimber. S'il vaque avec ravissement, sous la direction de Flaubert, à l'éducation de son regard, s'il parvient, sans trop d'efforts, à *particulariser nettement* [179] ce qu'il examine, l'indigence de la rhétorique à laquelle il se voit, malgré sa répugnance, contraint trop souvent d'emprunter des figures traditionnelles, le consterne : *Il n'y a pas assez de tournures de phrases !* A quoi Flaubert, respectant en lui les impatiences d'un génie encore peu expert, répond sur un ton mi-sarcastique, mi-paterne : « Cherchez et vous trouverez [180]. »

Jusqu'à la fin de ses jours, Maupassant travaille à se ranger à l'idéal dont Flaubert lui a découvert l'austère dignité. Jamais il ne lui vient à l'esprit de contester l'efficace des maximes rhétoriques et stylistiques qu'il tient de lui. Tout au plus se permet-il d'en tirer des conséquences inédites auxquelles il conforme la structure interne de ses œuvres. Mais de Flaubert il acquiert en outre une espèce de sagesse lugubre dont il ne tâche jamais de tempérer l'âpre pessimisme.

La personne de Flaubert, telle que Maupassant la décrit, se distingue surtout par *une vivacité naïve d'impressions et d'émotions que la vie n'émoussa jamais*[181]. Cette sensibilité, cette susceptibilité quasi maladives le prédisposent à s'offenser ou à se chagriner de tout et à transmettre aux témoins non prévenus de sa conduite une image fausse de sa personne : « Il passa parmi la plupart de ses contemporains pour une espèce de misanthrope féroce qui eût volontiers mangé du rentier à ses trois repas[182]. » Déclarant volontiers : *J'appelle bourgeois quiconque pense bassement*, il range dans les catégories morales de bourgeoisie et de bassesse toutes les sottises, toutes les vilenies, toutes les infamies, toutes les cruautés. Et comme, selon lui, la plupart des hommes sont de bas bourgeois qui se rendent coupables, soit effectivement, soit intentionnellement de ces délits et de ces crimes, il lui arrive, dans un sursaut de frénésie, de souhaiter *détruire la race humaine*[183]. Privé de cette atroce faculté, il éprouve un contentement compensateur à *cracher sur* ses *contemporains le dégoût qu'ils lui inspirent*[184]. Mais cette attitude polémique ne l'apaise point. Il pâtit d'une perpétuelle tristesse fondamentale qui lui arrache parfois des plaintes d'un inoubliable accent : *Tel est le monde ; quand on n'en pleure pas de rage, on en vomit de regret*[185]. Il s'ensuit que rares sont les créatures auxquelles Flaubert puisse manifester une confiance liquide et limpide. Il juge que la marque la moins contestable de la misère humaine est l'impossibilité de communiquer. Jouant sur le double mot du sens du mot comprendre (contenir et saisir par l'esprit), il ne balance pas à écrire : *Nous sommes tous dans un désert. Personne ne comprend personne*[186].

Schopenhauer

Quoiqu'il soit moins délicat que Flaubert, Maupassant, par inclination naturelle et par mimétisme, endure les mêmes tourments spirituels et se débat dans la même solitude que lui. Vers 1880, il pense trouver, sinon dans les œuvres mêmes de Schopenhauer, pour lequel il manifeste une *profonde admiration* [187], du moins dans les sentences que lui attribue la rumeur des sociétés philosophiques, la justification de son attitude existentielle. Il le considère comme l'adversaire victorieux des prophètes un peu niais du dix-neuvième siècle. Il lui prête sur *la vie beaucoup d'idées plus droites que l'illustre auteur des Misérables* [188]. Lisant sa biographie, il en retient certains détails pittoresques. Il rêve souvent de l'introduire dans l'un de ces récits noirs, d'une esthétique légèrement attardée, où se complaît parfois son funeste génie. En 1883, il feint qu'il ait rencontré l'un des confidents de ce diabolique destructeur. Ce malheureux ajoute à la détresse mentale qui l'obsède les dégâts irréparables d'une tuberculose avancée. Grâce à lui, Maupassant entre plus avant dans *l'immortelle pensée du plus grand saccageur de rêves qui ait passé sur la terre* [189]. Comparant son *irrésistible ironie* avec ce qu'il nomme fort justement *le sarcasme enfantin, le sarcasme religieux de Voltaire*, il le félicite et lui reproche simultanément d'avoir *abattu le culte idéal de la femme* [190].

Qu'entend-il par là? Que, par la faute du philosophe allemand, la femme est ravalée au rang de *piège immonde* [191]. Contaminant sa doctrine avec les féroces diatribes de Flaubert, Maupassant se refuse, dès lors, à célébrer à l'intention de celle que Laforgue appelle « notre petite compagne » les offices d'une religion négative. Mais, pour autant, il ne parvient pas à la considérer avec horreur ou dégoût. Incapable de la surfaire, il la loue pourtant de servir de prétexte à un progrès ininterrompu des techniques de l'amour physique. Lorsque celles-ci se transcendent, deviennent absolument gratuites, ne sont plus de simples adjuvants à l'œuvre nauséeuse de la procréation, elles pourvoient les amants d'un moyen mystique de se dépasser et de prendre refuge dans un paradis artificiel dont ils améliorent chaque jour les périlleuses commodités. Ils créent de la sorte une antinature compatissante qui leur permet de narguer l'inexorable nature. Mal renseignés que nous sommes sur le ton qu'adoptait Maupassant dans les déclarations qu'il adressait à ses maîtresses, nous pouvons présumer que la citation suivante ne fait que reproduire tels des propos authentiques qu'il leur a tenus : *La Nature nous donne la caresse pour nous cacher sa ruse, pour nous forcer malgré nous à éterniser les générations. Eh bien, volons-lui la caresse, faisons-la nôtre, raffinons-la, changeons-la, idéalisons-la, si vous voulez. Trompons, à notre tour, la Nature, cette trompeuse* [192].

On distingue dans ce texte une sorte de baudelairisme schopenhauerien. De fait, Maupassant, endoctriné par Schopenhauer, n'a, comme Baudelaire, d'estime que pour la femme qui, refusant la maternité, se dégage de la chaîne des fatalités génératrices, enfreint les règles d'un devoir dégoûtant, se complaît dans la perverse inutilité de ses gestes d'amour. Elle choisit de rester bréhaigne pour accroître le pouvoir de ses charmes : *En elle, le Féminin, l'odieux et affolant Féminin* est *plus puissant qu'en aucune autre femme. Elle en* est *chargée, surchargée comme d'un fluide grisant et vénéneux* [193]. Incapable de la transformer en Béatrice, de la suivre comme un guide angélique vers des cieux conventionnels qui n'existent que dans l'imagination des impotents, les amants avertis la félicitent d'être un désert empoisonné et lui vouent un culte satanique. Ils la louent d'avoir, par une immorale métamorphose, consenti à devenir *la créature d'exception, adorée et rêvée*, pleine de mépris pour la femelle vulgaire, *l'animal qui reproduit sa race* [194]. Ils lui dédient des oraisons qui participent d'une sorte de rituel sacrilège.

A ces dernières, en 1890, trois ans avant sa mort, il a voulu donner une forme définitive. Il écrit *l'Inutile Beauté*, nouvelle qu'il répute *la plus rare qu*'il ait *jamais faite* et qu'il définit comme *un symbole* [195]. Là, on trouvera les versets d'une litanie de la femme stérile, de la déesse nocturne, *si belle, avec ses yeux gris comme des ciels froids*, ses *cheveux noirs*, son *diadème poudré de diamants, pareils à une voie lactée*. Elle est *le pro-*

duit bizarre et mystérieux de tous nos désirs compliqués, amassés en nous par les siècles, détournés de leur but primitif. Elle excite dans le cœur des mâles *une émotion étrange, plus redoutable peut-être que l'antique et simple amour* [196].

Lutte contre Dieu

Mais ce ravissement religieux, lorsqu'il transporte Maupassant, ne dure qu'un moment. Ayant entamé un combat dont le prix est la femme contre le virulent Schopenhauer, il se laisse à demi vaincre. Intoxiqué par sa doctrine, il succombe à l'ennui que lui cause la constatation de l'uniformité des choses : *L'amour des femmes est monotone comme l'esprit des hommes* [197]. Son pessimisme, provisoirement surmonté, l'engage, d'une part, à justifier le suicide, et, d'autre part, à considérer comme légitime l'euthanasie. Par elle, l'homme évite les désagréments d'une sénescence qui n'est que l'aspect individuel d'un vieillissement général du monde. Par elle, il affirme son autonomie et se venge de *la Providence*, entité démoniaque qui *ment*, *triche*, *vole*, *trompe* [198]. Par elle, il prend refuge entre les mystes du *temple du mépris de la mort* [199]. Et Maupassant, s'inspirant peut-être de certaines fictions britanniques, suppose que quelques philanthropes fondent une *Œuvre de la mort volontaire* [200] pour aider à sortir de la vie ceux qui *en ont assez et veulent finir ce drame sans trêve ou cette honteuse comédie* [201]. Lui-même visite cet établissement d'un genre nouveau et s'expose volontairement à quelques effluves modérés d'un gaz mortel que parfume une odeur de réséda : *J'ouvris la bouche pour la mieux boire, car mon âme s'était engourdie, oubliait, savourait dans le premier trouble de l'asphyxie, l'ensorcelante ivresse d'un opium enchanteur et foudroyant* [202].

De telles évasions, même imaginaires, attestent un désespoir fondamental. Certes Maupassant, ayant reçu une éducation religieuse traditionnelle, ne parvient pas, quoique la mystique des soufis l'ait séduit, à cultiver en lui, comme Schopenhauer, la nostalgie du néant. Il lui arrive bien de déclarer :

Mon cerveau fonctionne, lucide, exact, m'éblouissant avec le Rien éternel [203]. Mais il s'emploie surtout à énoncer les thèses d'une théodicée, dont il ne cesse de préciser les termes tout au cours de son existence et qui présente avec celle du marquis de Sade ou des grands rebelles romantiques de frappantes ressemblances. Pour lui, Dieu n'est pas un grand être passif. Assez semblable aux Olympiens dont se contente Épicure, il s'amuse à contempler ce qui se joue sur le théâtre du monde. Mais il ne dédaigne pas, tour à tour auteur tragique et metteur en scène, d'indiquer aux hommes, acteurs esclaves, le canevas du drame noir qu'ils doivent interpréter et les conventions qu'il leur est enjoint d'observer. Le spectacle des affres de l'agonie le ravit d'aise. Aussi s'applique-t-il à varier, avec une virtuosité géniale, leur image : *Dieu, Monsieur, c'est un massacreur. Il lui faut tous les jours des morts. Il en fait de toutes les façons pour mieux s'amuser* [204].

Le dernier texte encore élaboré (janvier-novembre 1891) que Maupassant ait transmis à la postérité contient une imprécation contre le Seigneur, où se succèdent les dénominations les plus outrageantes : *Dieu ténébreux... Éternel meurtrier... Éternel faiseur de cadavres et pourvoyeur de cimetières... Meurtrier affamé de mort* [205].

Prométhée

A ce Dieu, foncièrement félon, l'homme, nouveau Prométhée, Caïn persuadé de sa propre excellence, tente de s'opposer. De même qu'il essaie de déjouer les ruses de la nature en inventant l'érotisme stérile, de même il nargue la brutalité divine en détournant la création de ses fins, en introduisant dans celle-ci, par une opération arbitraire, *un peu de grâce, de beauté, de charme inconnu et de mystère* [206]. Lui imposant un ordre qu'elle n'a pas à l'origine, s'abstenant de lui assigner une vocation religieuse, il la transforme en objet de contemplation païenne. Après avoir écarté avec dégoût les tentations pédantes d'un angélisme outré, il tâche de participer aux mouvements de toutes les âmes ani-

Steinlen

males qui hantent l'univers. Il pense obtenir ainsi une grâce d'ataraxie : *Je sens frémir en moi quelque chose de toutes les espèces d'animaux, de tous les instincts, de tous les désirs confus des créatures inférieures. J'aime la terre comme elles et non comme vous, les hommes, je l'aime sans l'admirer, sans la poétiser, sans m'exalter* [207].

Mais ce satyre spéculatif ne peut savourer longtemps les divertissements de sa fantaisie gnostique. Il se retrouve bientôt au fond de l'enfer d'une angoisse désespérée. Celle-ci provient surtout du sentiment villonesque que la mort ronge la vie. Non seulement elle la grignote lentement, savamment, mais elle travaille à lui donner une apparence funèbre. *La monotonie invariable des paysages, des figures et des pensées* [208]*... l'horrible misère des choses... l'inutilité des efforts ... la vanité des attentes... la répétition des mêmes visions...* sont autant d'emblèmes du trépas qui rappellent sans cesse à l'homme qu'il est entraîné et broyé par un engrenage d'horreurs mornes, soumises à l'imprescriptible loi de l'éternel retour : *Tout se répète sans cesse et lamentablement* [209].

Si riche soit le pessimisme de Maupassant d'éléments empruntés à diverses traditions, on y remarque pourtant une notion dominante, une justification de la cruauté, qui n'est que le complément nécessaire des doctrines professées par Flaubert. Plus sensuel, plus rapace que ce dernier, Maupassant se soucie moins de connaître ceux et celles qui l'approchent que de les posséder. Hélas! personne, jamais, n'appartient à personne. Pour mieux assurer sa prise sur son prochain, Maupassant n'hésite pas à user de coercition. Meilleur éthicien que Swinburne, il prête aux entreprises sadiques une valeur décisive. Il partage la sombre joie des tyrans et des marchands d'esclaves. Mais, au bout du calvaire qu'il gravit et fait gravir, il constate que *tuer, torturer, emprisonner,* ne sert de rien, car *la volonté humaine... échappe toujours, même quand elle a consenti à se soumettre.* Sortant d'un empire de songes pourpres où il perpètre de féroces excès, il éprouve de façon encore plus vive que de coutume *la peur harcelante de la solitude... sentant le vide autour de lui, le vide insondable où s'agite son cœur, où se débat sa pensée* [210].

La vanité des attentes... la répétition des mêmes visions.

Boule de suif

En 1880, la personnalité de Maupassant, qui atteint l'âge de trente ans, est achevée. J'ai montré quelles influences, tant extérieures qu'intérieures, en ont déterminé les principaux caractères et comment ceux-ci s'impriment constamment sur les textes d'une œuvre dont le désintéressement apparent masque, en les altérant, les plus intimes confidences. Solitaire assez farouche jusqu'en 1880, gêné par le manque d'argent, soigneux de ne pas contrister Flaubert par son oisiveté, il obtient à cette date, par suite du succès de *Boule de suif*, une enviable notoriété, jouit d'une certaine aisance. Mais la mort du sage de Croisset le prive soudain d'un directeur de conscience dont les avis et les semonces lui font cruellement défaut au moment où, avec plus de hâte que de discernement, il s'affaire à s'organiser une existence confortable et brillante.

Boule de suif paraît le 16 avril 1880 dans un recueil composite : *les Soirées de Médan*, que les chroniqueurs littéraires affectent de considérer comme le manifeste, enrichi de textes exemplaires, d'une nouvelle et ambitieuse secte d'écrivains. Quoiqu'il ne dédaigne nullement le secours que peut lui procurer une publication collective, Maupassant, sans jamais tomber dans la démesure d'une vanité ridicule, a trop conscience de la patiente singularité de son génie pour ne pas juger avec une équitable sévérité les nouvelles écrites par ses partenaires. A Zola, il reproche de ne pas essayer de l'emporter sur *Mme Sand ou Daudet*. A Huysmans de pécher par le sujet, la composition, le style. A Céard de se laisser accabler par l'esprit de lourdeur. A Hennique de ne pas éviter *quelque confusion par places*. A Alexis de ressembler *à Barbey d'Aurevilly, mais comme Sarcey veut ressembler à Voltaire*. Ce qui implique qu'à ses yeux *Boule de suif* se recommande par son originalité, sa pertinence, la rigueur de son enchaînement, la justesse de son écriture, la vivacité de son ton, la netteté de son dessin, la sagacité de son ironie. De plus, estimant que tout créateur risque de perdre ses moyens à trop obéir aux préceptes élaborés par un bureau d'esprit,

La diligence de Boule de suif

il proteste qu'il refuse de se laisser embrigader et de participer, même par politesse, *à ces bêtises d'école naturaliste qu'on répète dans les journaux* [211]. Pour dissiper toute équivoque, fier de l'approbation de Flaubert, qui lui écrit : « C'est bien original de conception, entièrement bien compris et d'un excellent style [212] », il adresse au *Gaulois* une lettre ouverte où, après avoir affirmé : *Nous n'avons pas la prétention d'être une école*, il déclare qu'il examine avec une égale admiration *tout ce qui* lui paraît *supérieur à tous les siècles et dans tous les genres* [213]. S'étant ainsi glorifié de la variété de ses études et de la diversité des maîtres, il estime, pour sa part, n'avoir, en écrivant *Boule de suif*, enfreint aucune des règles qu'il s'est préalablement prescrites. Il y a pris soin de ne manifester *aucune intention antipatriotique, ni aucune intention quelconque*. Il a simplement voulu *donner... une note juste sur la guerre*, observer une entière *bonne foi... dans l'appréciation des faits militaires*, être non pas *antipatriotique, mais simplement vrai* [214].

Philosophie de l'ameublement

Tout en affirmant de la sorte, à juste titre, la suffisance de sa distinction littéraire, Maupassant, à partir de 1880, se montre trop docile aux modes de son époque, pour ne pas tenter de planter autour de lui le décor qui l'aidera le mieux à revêtir le personnage d'un écrivain élégant. En étudiant les ornements du milieu qu'il se crée de la sorte, on avance sensiblement dans la connaissance des caractères de sa maturité, tout en respectant certains principes de méthode qu'il a lui-même posés. Il admet, en effet, volontiers, qu'il est légitime de chercher *dans la vie des hommes et dans les objets dont ils s'entourent les explications des mystères de leur esprit.*

A meubler ses appartements successifs, à concevoir leurs agréments matériels, Maupassant se garde d'imiter Flaubert, si grande soit la vénération qu'il entretient pour la mémoire de ce dernier. Il lui reproche de n'être pas un amateur d'antiquités et de curiosités. Il regrette que son maître ait considéré le zèle de certains de ses amis pour accroître les charmes de leur maison comme une *manie niaise et puérile.* Fâcheuse indifférence : sa demeure, sans qu'il s'en avisât, *manquait de ce charme enveloppant qu'ont les lieux habités avec amour et ornés avec passion.*

Aux excès d'abstraction et de nudité, qui rendent inhospitaliers les logis de Flaubert, Maupassant préfère la fantaisie de Zola. Celui-ci a tendance, dans les pièces qu'il occupe, à mélanger tous les styles, à entreposer sans ordre les menuailles dont il fait emplette. On ne peut, d'ailleurs, le tenir pour un vrai *collectionneur.* Il accorde une confiance trop crédule *au hasard de sa fantaisie excitée* [215].

Maupassant, lui, se flatte de n'être pas un décorateur d'instinct. Il tient de longues conférences avec les tapissiers dont il loue les services. Si les résultats de leurs efforts lui semblent contestables, il n'hésite pas, s'armant d'outils qu'il se procure non sans peine, à retoucher lui-même leur ouvrage : ce qui lui permet de priser fort haut la sûreté de son discernement [216].

FERNIQUE SC

Aimant se protéger, il déteste les parois nues. Il recouvre d'étoffes toutes les surfaces dont la vacuité l'offusque. Ne se contentant pas d'employer des pièces de tissus aux teintes unies, il tend de tapisseries à personnages ou à verdures plafonds et panneaux [217]. Il prend soin que chacune des pièces dont il dispose soit affectée d'une couleur dominante, correspondant à sa destination. On croirait parfois qu'il la choisit selon des principes occultes, analogues à ceux que Gœthe s'efforçait d'appliquer. Il veut que sa jolie retraite parisienne, 10, rue de Montchanin, puisse correspondre aux variations de ses humeurs par une subtile diversité de coloris. Il se complaît tour à tour à se laisser baigner par les ondes du rouge grenat de sa salle à manger, du bleu Louis XVI de son salon, du jaune bouton d'or de sa chambre à coucher [218]. Ses meubles témoignent d'un certain disparate qui lui paraît récréatif. S'ils participent de nombreux styles, ils s'ordonnent pourtant entre eux selon les conventions esthétiques de l'époque Louis XVI. Il semble que les formes de l'horlogerie et de l'ébénisterie du XVIIIe siècle aient séduit Maupassant autant que ses monuments littéraires. Il tire orgueil d'*un bloc de marbre superbe ... pendule Louis XVI avec ses deux candélabres très bas* [219]. Il s'accoude sur *un ravissant bureau Louis XV*. Mais les plateaux de ses meubles, lorsqu'ils restent inoccupés, lui causent une impression de tristesse. Aussi les charge-t-il de choses hétéroclites. Certaines peuvent passer pour des chefs-d'œuvre : ce *vase de vieux Chine rose*, cet *ivoire ancien* qui figure *le sacre du roi Clovis* [220]. Mais ne faut-il pas faire les plus extrêmes réserves concernant les bibelots qu'un soir de frairie une bande de gommeuses émoustillées palpent en jacassant? Comment admirer *cet éléphant et ses petits en porcelaine*, ce *gros porc avec sa compagne et leur progéniture* [221]?

Au reste, ce que Maupassant considère comme le chef-d'œuvre de sa philosophie de l'ameublement, c'est le jardin d'hiver qu'il aménage au rez-de-chaussée de son hôtel particulier. Là, sous une verrière peinte, entre des tentures vert olive, des palmiers, des arbustes fleuris cernent de leurs frondaisons une accumulation de lourdes consoles rococo, d'anges équivoques, de bouddhas nimbés, de divans chamarrés, de chaises en cuir à dossier. Maupassant y passe chaque jour de nombreuses heures. Il s'y baigne dans une clarté dont les rayons traversent des vitraux. Il y jouit d'un calme parfait. Il s'y emplit difficilement les poumons d'un air épais et parfumé. Et, surtout, il y assouvit le désir quasi maniaque qu'il a de caresser, de respirer des calices de fleurs.

C'est dans l'agencement de cette serre privée qu'il rivalise, pour les recherches étranges, avec Des Esseintes ou Robert de Montesquiou. Il y cache ses fleurs favorites *ainsi que les femmes des harems.* Il y lustre d'un regard concupiscent *leur flanc qui se creuse, odorant et transparent, ouvert pour l'amour et plus tentant que toute la chair des femmes.* Il les loue d'être *grasses, profondes, roses, d'un rose qui mouille les lèvres de désir.* Sa méditation suspecte s'attarde sur *le bord de leur calice... frisé, plus pâle que leur gorge,* sur *la corolle* qui *s'y cache, bouche mystérieuse, attirante, sucrée sous la langue, montrant et dérobant les organes délicats, admirables et sacrés de ces divines petites créatures qui sentent bon et ne parlent pas* [222].

Sur la fin de sa vie, auprès du demi-monde littéraire, Maupassant passe pour un arbitre des élégances de l'ameublement. Ce maître du faux goût qu'est le calamiteux Félicien Champsaur se réfère sans cesse aux leçons d'esthétisme dont, sans y croire trop, il endoctrine ses amis. Il le félicite surtout de tenter d'harmoniser entre eux de beaux objets archaïques, des meubles vétustes, des étoffes anciennes, et de dédaigner les bibelots, les colifichets de série que fabriquent d'astucieux entrepreneurs. Rien, dans sa demeure, n'offusque ni ne dépite le regard. On n'y trouve ni photographies enluminées, ni statuettes polychromes pourvues de lorgnons et de parapluies lilliputiens, ni tableaux en terre cuite, ni fruits en plâtre peinturluré. Quelle association admirable de meubles, chefs-d'œuvre d'ébénistes disparus, et de riens précieux que mettent en valeur des fonds colorés, soutachés, soutenus [223]!

Pourtant les travaux singuliers de Maupassant en matière d'aménagement domestique ne rencontrent pas une approbation générale. Un amateur aussi avisé qu'Edmond de

Le cabinet de travail - jardin d'hiver où Maupassant mit tous ses soins. ▶

G. FRAIPONT

Goncourt les réprouve avec une active méchanceté. Cet accord singulier, insolite, déconcertant que Maupassant prétend avoir accompli par l'habile association d'éléments de provenances et d'âges divers, n'est, aux yeux d'Edmond de Goncourt, qu'une prétentieuse discordance. Il n'admet pas qu'on dépayse systématiquement certaines œuvres d'art en les plaçant dans un milieu composite qui n'est point le leur. Les couleurs, que Maupassant contraint à une perverse solidarité, se dégradent mutuellement : « Des boiseries bleu de ciel avec des bandes marron ! » Il faut être un barbare un peu canaille pour exposer des *têtes d'anges en bois colorié* qu'on a dérobées aux fabriciens naïfs *d'une ancienne église d'Étretat ; des têtes ailées s'envolant sur des flots d'étoffes algériennes !* Et l'atrabilaire seigneur du Grenier d'Auteuil de s'exclamer : « Cré mâtin, le bon mobilier de putain [224] ! » Enchanté de cette boutade, il la développe. Lui qui se plaît à dénigrer Maupassant en lui attribuant une mentalité d'exploiteur de femmes, il en fait le portrait peu flatteur que voilà : « Ce propriétaire d'un mobilier qui semble réaliser l'idéal du mobilier rêvé par le possesseur d'un Gros Huit de l'avenue de Suffren, qui aurait fait sa fortune [225]. »

J'admets que Maupassant n'ait pas disposé de l'habileté technique nécessaire pour donner une forme compétente à ses projets de décorateur éclectique. Lui-même convient que la vie parisienne ne favorise pas ses desseins. Il se plaît à rêver d'*une grande maison dans un joli site très retiré* où rien ne blesserait, où tout contenterait son regard [226]. De plus, par ses romans il explique au public, en images exemplaires, ses plus chères idées.

Nourrissant peut-être une aversion secrète contre l'art de l'empire du Soleil Levant, trop vanté par les Goncourt, il conseille à ceux qui veulent faire figure de vrais raffinés d'interdire leurs musées particuliers à la pacotille dont l'Extrême-Orient encombre nos marchés. Il convient d'en exclure avec rigueur « vases du Japon, tentures du Japon, soieries du Japon, porte-allumettes, encriers, services à thé, assiettes, bijoux, sièges ». Dès qu'un bellâtre sans répondants et sans ancêtres veut enjoliver à peu de frais son banal logis,

Pacotille d'Extrême-Orient

il pille la *boutique de japonneries* la plus proche [227]. Pour que Mme de Marelle ne conçoive pas, dans la chambre sordide qu'il a louée rue Dulong, une répugnance capable d'amortir ses ardeurs, Duroy, l'arriviste de *Bel Ami*, la maquille à l'aide *de crépons, de petits éventails, de petits écrans, d'images transparentes représentant des rivières, des vols d'oiseaux à travers des ciels rouges*. Grâce à ses soins, le moins attrayant des logis prend un aspect de case exotique, mieux encore : il a *bientôt l'air de l'intérieur d'une lanterne de papier peint* [228]. Lorsque Jean, l'un des protagonistes de *Pierre et Jean*, petit bourgeois heureux de dépenser avec faste l'argent que lui procure un héritage suspect, meuble l'appartement où il compte poursuivre une carrière fictive d'avocat, il accumule dans sa salle à manger, *décorée en lanterne japonaise*, une profusion de bagatelles extrême-orientales. Ses efforts s'achèvent sur un échec. De l'avis des experts, l'espèce de cabinet de curiosités qu'il constitue de la sorte a *l'aspect prétentieux et maniéré que donnent les mains inhabiles et les yeux ignorants aux choses qui exigent le plus de tact, de goût et d'éducation artiste* [229].

Cette *éducation artiste*, qui permet de changer un habitat quelconque en instrument de voluptés tacites, seuls quelques prédestinés, des femmes d'ordinaire, sont aptes à la recevoir, et à la raffiner. Il convient, d'ailleurs, que des siècles de confort aristocratique aient délié leur esprit, dégagé leurs corps, décanté leur âme, affranchi leurs gestes. Fier lui-même de sa race, c'est à des mondaines titrées que Maupassant confie, dans ses romans, le rôle d'énoncer et d'appliquer les maximes de sa propre philosophie de l'ameublement. Michèle de Burne, héroïne de *Notre cœur*, considère son appartement comme un jardin d'Armide dont elle est l'enchanteresse : *La nuance des tentures, des étoffes, l'hospitalité des sièges, l'agrément des formes, la grâce des ensembles, caressent, captivent et acclimatent le regard autant que les jolis sourires.* Maints talismans sont disposés dans des endroits propices. Ils enveloppent les visiteurs d'un réseau de puissantes influences. Ils les forcent à livrer le meilleur d'eux-mêmes en excitant tour à tour leur esprit ou leur cœur. Rien qui ne retienne l'attention *par sa forme, sa date, ou son élégance.* Objets et meubles, loin d'infliger aux regards couleurs crues et volutes complexes, valent par leurs agréments *exceptionnellement rares et simples, d'un goût pur et sobre* [230].

Ne croyons pas cependant que, dans le manoir chimérique où il voudrait couler des jours d'une opulente oisiveté, Maupassant, travaillé par une sorte de scrupule classicisant, ne souhaite admettre qu'un petit nombre de bibelots curieusement choisis. Ayant le toucher aussi exigeant que la vue, il aime être entouré d'une foule de précieux brimborions qu'il puisse caresser et palper à loisir. Anne de Guilleroy, héroïne de *Fort comme la mort*, expose dans son salon *des bibelots de toutes sortes, inutiles, jolis et coûteux.* Par leur profusion anormale, elle obtient un effet de *désordre cherché.* Celui-ci tient moins à la façon chaotique dont ils sont disposés sur *des tables légères aux pieds dorés* qu'à leurs bizarres disparates. Seul un génie sûr de son adresse peut concevoir et achever, en évitant l'inconvénient d'une hideur démente, l'union de boîtes et de tabatières anciennes avec une batterie de cuisine en argent mat dont les ustensiles entourent une parure de poupée, « microscopique fantaisie qui semblait exécutée par des bijoutiers de Lilliput ». Toutes ces babioles savamment disposées ont aussi une finalité quasi mystique : fournir à des esprits volontairement dépossédés l'occasion de lentes associations, propres à entretenir *une indifférence rêvassante* [231].

On aperçoit maintenant quel est le propos de Maupassant, lorsqu'il rivalise avec Edgar Poe et Baudelaire pour la minutie avec laquelle il monte, dans tous ses détails, le décor de la vie quotidienne de ses héros de prédilection. Il souhaite que celui-là non seulement les aide à devenir ceux qu'ils sont dans le monde inclément où le sort les contraint à vivre, mais encore leur permette, lorsque les accablent le mal physique ou le mal moral, de s'évader sans effort vers des contrées tranquilles qu'ils emplissent de créations, de créatures délicieuses. Tout, dans un logement doctement arrangé, doit avoir une triple fonction : augmenter l'aisance de la chair, faciliter le travail de l'esprit, favoriser l'essor de l'âme vers une utopie onirique. Les pièces réservées à la méditation solitaire et aux soins du corps doivent, en conséquence, être encore plus attentivement pourvues de toutes les commodités requises que les pièces d'apparat. Le cabinet de toilette de Michèle de Burne est le retrait à la fois le plus secret et le plus complexe de toute sa demeure. C'est là, Narcisse féminin, qu'elle serre les armes qui assurent sa domination sur la société restreinte au sein de laquelle elle vit : « tous les outils et instruments de la coquetterie moderne... le bureau épistolaire, simple et beau meuble anglais moderne ». C'est là qu'elle échappe aux servitudes de l'incarnation en contemplant sa radieuse nudité. Elle y savoure les délices d'un confinement qui est une libération : un miroir géant à trois pans permet *à la jeune femme de se voir en même temps de face, de profil et de dos, de s'enfermer dans son image* [232].

Peinture

On peut se demander si cette philosophie à la fois humaniste et subjective de l'ameublement n'a pas interdit à Maupassant d'apprécier à leur juste valeur les efforts et les recherches des peintres les plus originaux de son temps. Certes, en 1885, il se targue d'être un témoin fidèle de Claude Monet. Il le montre qui traque studieusement des impressions fugitives. Il déclare : *Ce n'était pas un peintre, en vérité, mais un chasseur* [233]. Il note : *Une autre fois, il prit à pleines mains une averse abattue sur la mer et la jeta sur sa toile.* De même il saisit à merveille la contenance et les propos de Courbet collant *avec un couteau de cuisine des plaques de couleur blanche sur une grande toile nue* [234]. Mais il lui semble que les tableaux des réalistes et des impressionnistes, dont il ne se lasse pas de vanter le génie, ne s'harmonisent guère avec le savant bric-à-brac d'objets significatifs où la demeure des raffinés trouve ses prestiges les plus sûrs. On peut les accueillir, à la rigueur, s'ils se restreignent à des dimensions médiocres et s'ils rappellent au maître de maison soit un souvenir de voyage, soit un paysage agreste dont il ait aimé la douceur, soit un site parisien pour lequel il a senti son cœur s'intéresser. Maupassant décore les pièces de son petit hôtel avec une vue d'Antibes, de Jeanniot, un champ de blé à Étretat, de Nozal, une étude de mer dans le Midi, de Gervex, un dessin de Rafaelli représentant la Madeleine. Ce sont là des compositions honorables. Seule la dernière présente les caractères d'une originalité vraie. Mais toutes ont l'avantage de permettre à Maupassant, qui ne discerne plus leurs qualités ni leurs défauts, d'évoquer les plaisirs d'un passé ancien ou récent [235].

C'est que, pour lui, le principal mérite d'un tableau consiste à n'être pas dénué de signification objective ou subjective. La peinture historique lui semble poursuivre un propos légitime. Il loue son ami Riou d'avoir traité avec exactitude des sujets comme : *l'Arrivée de Napoléon III en Égypte* ou *l'Inauguration du canal de Suez* [236]. Il se laisse émouvoir par les pires poncifs sentimentaux et félicite son ami le peintre Leloir de consacrer une part de son activité créatrice à manifester les grâces surannées de petites cérémonies bourgeoises : *la Fête du Grand'Père*, par exemple [237].

Toutes ces tendances de sa sensibilité plastique l'inclinent à partager le goût de ses contemporains pour Meissonier. Il le loue de disposer d'un trésor d'anecdotes qu'il illustre avec un souci tatillon d'accumuler les détails authentiques. Il l'admire d'essayer de rivaliser avec la photograhie, de ne pas altérer les couleurs et les nuances, de ne pas infliger aux figures vivantes l'outrage de déformations inédites, de pouvoir choisir dans le recueil de thèmes qu'il exploite celui qui convient le mieux au style général d'un appartement déterminé. N'est-il pas, d'ailleurs, lui-même, un maître décorateur habile à gratifier la villa où il séjourne de tous les agréments mixtes qu'invente une fantaisie moderne toujours en émoi ? Pour satisfaire son éclectisme, n'a-t-il pas imposé à des architectes ébahis les plans d'*une construction singulière où il y a de tout, de la forteresse gothique, du manoir, de la villa, de la chaumière, de l'hôtel, de la cathédrale, de la mosquée, de la pyramide, du gâteau de Savoie, de l'oriental et de l'occidental ?* L'intérieur de cette bâtisse chimérique répond à son aspect extérieur. Meissonier, que l'âge n'essouffle pas, s'y glorifie d'*un luxe d'escaliers prodigieux.* On a noté, précédemment, que tout le logis de Michèle de Burne sert de parvis à ce lieu très saint qu'est son cabinet de toilette. Celui de Meissonier enchâsse lui aussi *un temple, cet endroit dont les gens respectables ne prononcent le nom qu'en anglais, un sanctuaire original et charmant, d'un goût exquis, orné comme une pagode, et dont la décoration avait assurément coûté de grands efforts de pensée* [238].

Au reste, fidèle à lui-même, Maupassant atteste, par les tableaux qu'il décrit dans ses romans, qu'émule de Diderot il préfère aux peintres purs, les peintres dont on peut commenter sans difficulté les compositions. Il ne désapprouve pas la manière dont M. Walter, le grand homme d'affaires de *Bel Ami*, enrichit sa galerie personnelle. A en regarder les pièces, l'homme le moins compétent peut varier les motifs de sa délectation, vanter Guillemet, Harpignies et Guillaumat pour leurs paysages variés et fidèles, Gervex, Bastien-Lepage,

Des plaques de couleur blanche *(« La Vague » de Courbet).*

Bouguereau et Jean-Paul Laurens pour leur réalisme modéré, leur rusticité de bon ton, leur sens archéologique de l'histoire, Jean Béraud pour sa grivoiserie, Detaille, pour la bonhomie avec laquelle il représente d'innocents militaires, Maurice Leloir pour ses pastiches des petits-maîtres du XVIIIe siècle [239]. Ainsi les invités de M. Walter, déjà réjouis par la chère délicate qu'ils ont dégustée, peuvent flatter leurs concupiscences profondes à contempler un ensemble de scènes pittoresques dont l'interprétation ne requiert point d'eux un fastidieux travail.

Si l'on ajoute aux noms que l'on vient de lire ceux de Bonnat, Carolus Duran, Puvis de Chavannes, Roll, Cazin et Duez, on obtient une liste de peintres à la notoriété temporaire

Un Rafaelli

indiscutable, dont l'académisme foncier se dissimule parfois sous une apparence de feinte audace. Ils ont, d'après Maupassant, épuisé pour jamais toutes les possibilités de l'art pictural. Ne fournissent-ils pas avec générosité, sur simple demande de leur clientèle, *des échantillons... de tout ce qu'ont fait, de tout ce que font et de tout ce que feront les peintres jusqu'au dernier jour du monde* [240] ? Quant aux impressionnistes, si grande soit la dilection que Maupassant nourrit à leur endroit, n'a-t-il pas tendance à les tenir, en fin de compte, pour des hétéroclites qui se livrent à des recherches plus bizarres que plaisantes et *qui, doués de réelles qualités de coloristes et les exagérant pour l'effet, ont la prétention d'être des révolutionnaires et des rénovateurs de génie* [241] ?

Sculpture

A ceux qui s'attristeraient de constater qu'en peinture il se montre trop docile aux préjugés d'une mode ingrate, je puis assurer qu'il témoigne aux efforts des sculpteurs une admiration plus sûre et plus vigilante. Certes, il réserve ses faveurs quotidiennes aux créations d'une sculpture d'ameublement et chérit une petite chimère de Rodin dont, après sa mort, le baron Cahen (d'Anvers) fait emplette. Cependant il ne laisse pas d'étonner par la profondeur des remarques qu'il énonce sur l'art des grands sculpteurs florentins, sur Ghiberti, entre autres, auteur de *bas-reliefs si vivants et dramatiques qu'ils ont plutôt l'air de toiles peintes* [242]. Il disserte à merveille sur le maniérisme de Benvenuto Cellini, mélange de force trompeuse et de grâce affectée. Il rend à Falguière, ce sculpteur-peintre, l'hommage critique qui lui est dû.

Portrait

Il importe d'ajouter qu'assez bon caricaturiste Maupassant, quoiqu'il aime noter sur les effigies de visages qu'il crayonne la trace de passions fugaces, semble mal apprécier l'art des grands portraitistes. Il consent pourtant à poser devant Claudius Popelin et Gervex. Mais il juge leur propos et celui de leurs émules aussi prétentieux que décevant. Il les croit incapables de révéler, sans l'amoindrir, le charme de la personne humaine. Au lieu de tâcher de comprendre celle-ci en évitant de l'abstraire de son milieu personnel, pourquoi s'acharnent-ils à la dépayser ? Les femmes qu'ils représentent *semblent en visite quelque part, chez des gens à qui elles veulent plaire, à qui elles veulent se montrer avec tout leur avantage ; et elles ont étudié leur attitude, tantôt modeste, tantôt hautaine.* Or ce que souhaiterait Maupassant, c'est qu'un peintre arrivât à réintégrer son modèle dans sa solitude, son intimité, son intériorité existentielles, qu'il se gardât de donner à sa ressemblance ces yeux d'histrion qui se sait contemplé, qu'il les douât d'un regard ne reflétant rien d'un spectacle extérieur

Portrait sur émail par Claudius Popelin

variable, mais cachant et indiquant à la fois les éléments d'un mystère à jamais indéchiffrable pour les malotrus. Et Maupassant, qui se heurte à l'obstacle du langage, de suggérer l'aspect de l'esthétique intimiste à laquelle il réserve son suffrage, en citant ce *vers surprenant de Baudelaire :*

« Et tes yeux attirants comme ceux d'un portrait [243]. »

Musique

Reprochant en somme à la peinture de ne point avoir trouvé le moyen d'exprimer l'indicible, Maupassant parle de la musique avec autant de sensibilité que de compétence. Il entretient avec Gounod des rapports à la fois si courtois et si cordiaux que ce dernier, souhaitant sans doute renouveler ses motifs d'inspiration, le supplie avec insistance *de bien vouloir lui écrire quelque chose, pour qu'il le mette en musique* [244]. Il s'y résoudrait volontiers s'il n'était accablé par les divers emplois de son existence surmenante. Au reste, il médite avec dilection les rares mérites des opéras de Gounod. Il amasse des documents sur les premières représentations de *Faust*. Il rappelle la façon dont les chanteurs, qui créèrent cette œuvre populaire, interprétaient leur partie. Il s'étonne des hésitations d'un public, réticent d'abord, puis séduit. Lui-même exprime une admiration, que l'on aurait tendance à trouver excessive, pour une composition, non seulement honnête, probe et sincère, mais capable, d'après lui, d'éveiller les consciences à *l'invisible et irrésistible mystère de la musique qui s'épand à travers les corps, affole les nerfs et les âmes d'une fièvre poétique et matérielle en mêlant à l'air limpide qu'on respire une onde sonore qu'on écoute* [245].

Cette phrase permet d'apercevoir l'espèce de délectation que Maupassant souhaite trouver dans l'audition d'une œuvre musicale. Il y recherche une excitation des diverses facultés de sa personne. Pourtant, ce qu'il lui demande surtout, c'est l'expression pathétique d'un trouble quasi viscéral. Sans avoir pu le vérifier, je présume qu'il doit nourrir un certain goût pour les violences quasi charnelles où se com-

Gounod attentif à l'invisible et irrésistible mystère de la musique

plaît Hector Berlioz. Peignant une cantatrice italienne, d'aspect baudelairien, « pâle sous ses pesants cheveux noirs, qui semblaient avoir été trempés dans la nuit », il en fait l'interprète d'un *Aria de Didon*, qui peut avoir été inspiré par *les Troyens*. Après *une lente, une très lente succession de notes qui avaient l'air d'un récit musical*[246], s'élève *un inexprimable cri, sorti de la chair et non de l'âme, poussé comme un hurlement de bête écrasée, le cri de l'animal féminin trahi*[247].

On croirait donc que Maupassant soit incapable d'apprécier une musique qui ne provoque point en lui une sorte d'assentiment charnel. Or il manifeste pour Méhul et Schubert les sentiments d'une diligence explicite. Mais, s'il considère en somme le premier comme un auteur de bergerades, propres à ajouter de mélodieuses guirlandes aux élégances d'un mobilier Louis XVI, il discerne dans les pièces composées par le second l'aveu des déboires éprouvés par une sensibilité et, peut-être, une physiologie malades. Il croit découvrir en elles les témoignages parfois discordants d'une lutte contre la démence, la traduction de certaines hantises analogues à celles dont il craint lui-même de souffrir. Il sait y distinguer ce qu'il nomme *une note unique*, qu'il a peut-être le tort, étant déterminé par sa propre nature, de tenir pour *un cri monotone, incessant, persécuteur, l'appel inapaisé d'une obsession* [248].

En outre – particularité notable – lui qui se plaît aux franches inventions impromptues du récitatif, il agrée avec faveur les scandaleuses recherches des compositeurs les plus hardis de son temps. Trop peu compétent pour participer aux cérémonies du culte public que l'on célèbre à Bayreuth, il aime pourtant s'attarder sur les traces de Richard Wagner. Les raffinements un peu décadents par lesquels ce dernier enjolive sa vie quotidienne ne lui paraissent pas les signes d'un tempérament mal accordé, mais ceux d'un voluptueux héroïsme. A Palerme, il visite l'appartement où furent écrites les dernières mesures de *Parsifal*. Il y respire de puissants effluves d'essence de rose. Il établit sans doute entre ceux-ci et la sublime suavité d'une musique mystique sans seconde une série de secrètes correspondances. Il admire l'odorante démesure du grand compositeur allemand qui, pour forcer une inspiration parfois réticente, imprègne son linge d'arômes si impérieux qu'ils parfument à jamais les lieux où il séjourne [249].

Mais il ne se contente pas de recueillir des anecdotes typiques sur celui qu'il nomme, en choisissant soigneusement ses mots, un *musicien génial* [250]. Il essaie d'entendre les principes grâce auxquels ce dernier espère mettre en œuvre une expression directe, dramatique et totale de la personne humaine. Par modestie, Maupassant n'expose pas ce qu'il pense avoir compris. N'ignorant pas que ceux qui, par impuissance naturelle, ne réussissent pas dans leurs efforts créateurs, parlent mieux de l'art, où ils s'épuisent en vain, que les habiles dont on vante la dextérité, il charge un raté enthousiaste d'être

Gurnemanz mène Parsifal au château du Graal (Bayreuth, 1883).

son porte-parole. Celui-ci, poussant plus loin que l'époux de Cosima ses desseins de réforme, non seulement prétend que les mélodistes se distinguent par leur ignorance, mais affirme qu'ils n'ont point le courage d'actualiser toutes les virtualités du domaine musical. Lui-même, méprisant jusqu'aux agréments du phrasé wagnérien, souhaiterait, non pas développer ses intuitions primaires en airs gratuits et en refrains conventionnels, mais les condenser, chacune, en une combinaison de notes fulgurantes qui se suffiraient à elles-mêmes. Il affirme – et l'on admirera l'originalité d'une telle déclaration, qui présage les recherches des musiciens concrets – *que, pour un artiste, toute la musique est dans un accord.* Encore ce dernier ne doit-il pas nécessairement être établi dans le respect des règles de l'harmonie traditionnelle. Il peut admettre des dissonances significatives : *Oui, mes amis, certaines fausses notes! Quelles délices! Quelles délices perverses et profondes* [251] *!* Singulière déclaration qui prouve avec quelle jalousie Maupassant refuse de se laisser déterminer par les commodes conventions d'une orthodoxie surannée!

Apparence physique

A tant de maximes délicates sur les divers domaines de l'esthétique, le personnage de Maupassant, tel qu'il apparaît à ses contemporains après 1880, correspond mal. La plupart d'entre eux lui reconnaissent une robuste beauté. De taille médiocre, il donne une impression de force contenue. Son front bien dégagé, sa tête un peu cubique de Lorrain opiniâtre s'ornent d'une chevelure drue, couleur châtain foncé. Ses yeux pâles, dont le regard fascine, jettent parfois un éclat furtif d'un gris bleuté [252]. Mais il se montre peu habile à mettre en montre ses talents. Il est dénué d'esprit de repartie. Il manque de vivacité. Harcelé par les brusques saillies d'une conversation mondaine, il reste coi. Aux yeux des plaisants, il paraît embarrassé, balourd. Il se sent emprunté. Un jeune témoin de son comportement remarque : « Triste, à l'air bête, sans conversation, il n'est à l'aise qu'avec les gens de métier [253]. »

Maupassant par Nadar

Un autre note avec plus grande finesse : « En le regardant de près, je trouve qu'il ressemble à ses paysans. Comme eux il me paraît à la fois misanthrope et farceur, patient et madré, rêveur malgré lui et libertin [254]. » Cette rusticité un peu taciturne ne déplaît pas à Taine qui le surnomme *le taureau triste* [255]. En revanche, les esthètes, les nerveux, tolèrent mal sa présence. Edmond de Goncourt exulte visiblement lorsqu'il trace sur ses cahiers ces mots perfides : « C'est l'image et le type du jeune maquignon normand [256]. » Sachant qu'on le méconnaît et qu'on le tient volontiers pour un bravache avantageux, loin de déplorer cette fausse interprétation de son caractère, il s'évertue à l'autoriser, à ressembler aux caricatures dont il est l'occasion. Il *croise ses jambes, qu'il a fortes, et tend son pied, qu'il a petit* [257]. Il semble *jaloux de ses biceps travaillés aux haltères trois heures chaque matin pour épater les femmes* [258]. Il s'amuse à tenir l'emploi d'*étalon modèle, littéraire et plastique du grand haras Flaubert, Zola et Cie* [259]. Mais bientôt, il se lasse de ce jeu et, parodiant les propos de ceux qui le dénigrent, avoue avec mélancolie qu'il a *l'air un peu lourd, un peu dur d'un capitaine d'infanterie grognon parfois* [260].

Vie quotidienne

Il n'ignore pas qu'une vie bien réglée permet aux écrivains de poursuivre l'accomplissement d'une tâche méthodique. Pour rétablir le bon tempérament de ses humeurs, il aime se ménager de confortables retraites au bord de la mer. « Ce qui l'intéresse, c'est la nature... Pour les champs, les bois, les rivières, cet insensible a du cœur [261]. » Il répugne aux excès de table. Il se contente d'un ordinaire fin et frugal, avouant ses préférences pour les mets simples qui n'encrassent point ses organes. Il déguste avec friandise légumes verts, viandes grillées, fromages cuits, thé léger [262]. Lorsqu'il séjourne dans sa propriété d'Étretat, il se lève chaque jour vers huit heures, ne se consent même pas une collation légère, pour éviter d'empâter ses idées, écrit jusqu'à onze heures, puis, après s'être plongé dans un tub froid afin de calmer l'irritation de ses nerfs, se livre à une minutieuse toilette, au cours de laquelle il s'inonde d'eaux de senteur. Il déjeune sobrement. Il rectifie les troubles de sa vue en s'exerçant à tirer au pistolet. Puis il se dirige lentement vers la mer. Il s'entretient avec les bêtes, fières ou domestiques, qu'il rencontre. Souvent, bravant un danger évident, il ne craint pas de lutter avec elles pour mieux capter leur confiance et les apprivoiser. Il hume le parfum des plantes bocagères ou cultivées. Il secoue les rameaux des arbres chargés de fruits lourds. Puis, pour se divertir, il joue aux boules avec d'humbles amis, au croquet avec de belles baigneuses qu'il invite [263].

« La Guillette », ermitage de Maupassant à Étretat.

Mondanités

En somme, il s'accommoderait à merveille de l'existence un peu confinée que menait son maître Flaubert. S'il fréquente volontiers les gens du peuple et les artistes, il manifeste envers les membres des classes prétendues dirigeantes une instinctive réserve. Il continue même parfois à leur témoigner l'aversion meurtrière qui le poussait naguère à s'exclamer : *Il faut noyer les beaux messieurs crétins avec les belles dames catins* [264]. Ces dernières surtout excitent sa verve vengeresse. Il se sent humilié dans sa vanité de beau mâle avantageux, lorsqu'il constate que les nations de l'Occident moderne sont asservies à leurs caprices machiavéliques. Il songe avec rancœur *au génie particulier de la femme, à sa domination occulte et souveraine* [265]. Les plus brillantes de ses compagnes, il leur refuse la faculté de disposer des inventions d'une verve originale. Sans doute il leur accorde de l'esprit. Mais celui-ci n'est que le produit d'une éducation conventionnelle auquel elles ajoutent un papillotement de clinquantes banalités : *Elles ont de l'esprit, c'est vrai, mais de l'esprit fait au moule, comme un gâteau de riz assaisonné d'une crème. Leur esprit vient de leur instruction du Sacré-Cœur ; toujours les mêmes phrases faites des mêmes mots.* C'est le riz! *Puis toutes les banalités qu'elles ont recueillies dans la société depuis.* C'est la crème [266] !

A ces poupées parlantes, il préfère les femmes artistes qu'il transforme en magiciennes, prétendant qu'elles lui dispensent de calmes délices de féerie ; mais même ces quasi-divinités ne retiennent pas constamment ses suffrages. A leur contact, il craint de se féminiser et d'anémier son génie. Dès 1878, il déclare : *La littérature à talons coquets, je la connais et n'en ferai point ; et je ne désire qu'une chose, c'est de n'avoir pas de goût parce que tous les grands hommes n'en ont pas, mais en inventent un nouveau* [267]. Au reste, il sait que les femmes du monde, trop précieuses et trop délicates, ne sauraient pleinement entendre les propos qu'il poursuit. Lorsque paraît *Une vie* (avril 1883), ceux qu'Edmond de Goncourt nomme avec un soigneux dédain *les boulevar-*

De l'esprit fait au moule, comme un gâteau de riz assaisonné d'une crème.

diers [268] se gaussent de la brutalité de ce récit sans litotes, que la dédicataire, Madame Brainne, l'un des trois anges de Flaubert, se plaît à tourner en dérision, allant jusqu'*à blaguer le Maupassant décontenancé avec une férocité gênante pour ceux qui étaient là* [269].

Cependant, que Maupassant s'entête à essayer de s'introduire dans les sociétés mondaines les plus fermées ne laisse pas de surprendre. Il consent à y jouer les personnages ridicules d'amoureux transi que lui impose le caprice de ses belles hôtesses. Il s'incline devant des altesses. Il n'ignore pas qu'il leur sert de bouffon. Il accepte que de riches désœuvrées viennent palper avec une frivolité sacrilège et railleuse les menus objets, qui donnent un sens, connu de lui seul, aux logis où il médite. Il subit bien des outrages doucereux. Mais, sous des dehors dont l'obséquiosité déconcerte, il observe une vigilance attentive. Rien ne relâche sa *préoccupation constante... de ne pas être dupe... Il marche revolver au poing* [270]. Ses compliments, ses madrigaux sont toujours légèrement sarcastiques, et, comme le remarque avec une naïveté madrée son valet de chambre : « Sa finesse laissait paraître une légère pointe d'ironie qu'il savait, il est vrai, dissimuler sous une phrase aimable et bien tournée [271]. »

Pourquoi tant de tracas, tant de manœuvres défensives, tant de soins ? C'est que Maupassant, en 1880, ayant réuni tous les éléments de ses récits rustiques ou bourgeois, cherche de nouveaux motifs d'inspiration et souhaite étudier les mœurs des hautes classes de la société où, quoi que l'on dise, sa naissance l'introduit. D'ailleurs, il s'ouvre lui-même, sans équivoque, de ses desseins au perfide Edmond de Goncourt. S'il passe chaque année de longues semaines dans le midi de la France, c'est que, par exemple : « Cannes est une fourmilière de renseignements pour lui. » Il y noue des relations aisées et sans contraintes avec les grands : les Luynes, les Sagan, les Orléans. Aussi, préparant des *romans... sur la société parisienne et ses amours*, y peut-il prendre, comme en se jouant, des notes sur les *types d'hommes et de femmes* qui requièrent sa curiosité [272].

Les types d'hommes et de femmes *qui requièrent la curiosité de Maupassant*

Mais cette situation fausse enfante certains déboires. Maupassant, par la faute des honnêtes dames avec lesquelles il se commet, tend à devenir un homme de ressentiment. Contre les frivoles empanachées qui l'obsèdent, il passe son temps à machiner des complots et à combiner des revanches. Le milieu allégrement débraillé de canotiers bruyants et de gamines parisiennes, au sein duquel il s'est diverti de ses tracas bureaucratiques, lui a inspiré un goût excessif pour les facéties vulgaires et les plaisanteries outrées. Il vante, pour ses mérites humanistes, *la vraie farce, la bonne farce, la farce joyeuse, saine et simple de nos pères* [273]. Lui qui, comme je l'ai déjà indiqué, s'ébaudit d'une histoire de pot de chambre où l'on jette une poignée de phosphure de calcium [274], croit qu'en mystifiant, avec une vulgarité voulue, celles qui consentent à accepter ses invitations, il leur prouve qu'il ne se laisse pas abuser par le manège de leur précieuse urbanité, et qu'il n'ignore point qu'elles le considèrent comme un animal un peu ridicule dont on visite la bizarre bauge avec l'intention de la dénigrer par la suite. Les traitements peu respectueux auxquels il les soumet ont pour effet de les démasquer, de les réduire à ce qu'elles sont : des dévoratrices de mâles. Victimes de ses attaques sournoises, elles jouent malgré elles au jeu de la vérité. Quelle joie pour Maupassant de les entendre avouer, lorsqu'il les a dépropriées, dépaysées, désaffectées à force de railleries absurdes : « Nous n'avons pas attendu vos révélations pour nous accorder tout le plaisir que nous pouvons nous procurer, en usant libéralement des dons que nous devons au Créateur [275] ! » Avec quel plaisir n'offre-t-il pas à un couple de belles goules le régal d'une jeune fille gracile, déguisée en jouvenceau, qu'elles tentent de pervertir [276] ! Avec quelles arrière-pensées, pour manifester le sadisme foncier de ses amies haut perchées, ne prépare-t-il pas à leur intention les scènes d'un sordide mimodrame dont voici le canevas : « Un sergent de ville a pendu sa femme par les pieds, et, pris d'une curiosité malsaine, il lui pratique une section dans le ventre, voulant voir des choses qu'il ne comprenait pas [277]. »

A Cannes sur la Croisette

Amours mondaines

Lorsqu'il choisit parmi les mondaines les objets de ses amours, il se plaît à la fois à les humilier et à allumer en elles un feu dévorant. Hors d'elles-mêmes, à bout de patience, elles se révoltent parfois et ne se contiennent plus dans les limites de la décence. L'une d'entre elles s'empare d'*une feuille de papier écolier* qui traîne sur le bureau de Maupassant. Elle y trace *de haut en bas ce seul mot : Cochon !* C'est *la fille d'un ancien ministre de l'Empire* [278]. L'autre brandit un revolver, puis se pâme, et adresse au valet de chambre de l'écrivain cette requête : « François, je vous en prie, donnez-moi Monsieur de Maupassant, donnez-moi Monsieur de Maupassant ou je vais mourir ! Je le veux ! Je vous dis que je le veux !... Je ne lui ferai aucun mal, soyez-en sûr ; je vous le le promets... mais donnez-le-moi [279]. »

Chair

Ces cris sont comme des mots de passe à nous introduire dans l'enfer charnel où Maupassant, par imprudence, s'est incarcéré. Fier de sa virilité, pourvu de facultés exceptionnelles, invitant parfois des incrédules ou des amateurs à constater les effets de son extraordinaire vigueur [280], ne répugnant pas à organiser des parties carrées si frénétiques qu'elles risquent de s'achever par des crises de folie meurtrière [281], Maupassant, pour attirer à lui les proies qui mignotent leurs appas dans les réserves de la haute société, accrédite de son mieux sa légende d'heureux émule du Dieu des Jardins. Il se répand en confidences réticentes. Il hasarde des mimiques presque obscènes, soudain pudiquement interrompues. Mais bientôt il se repent amèrement de sa témérité : *Si cette réputation s'étend, malheur à vous ! Toutes les femmes sont prêtes à s'offrir* [282] ! Déclarant volontiers que *la tentation existe pour qu'on y cède* [283], il s'exténue à toujours essayer de demeurer égal à lui-même. Peut-être rend-il à celle que son valet de chambre nomme *ce vampire* [284] des soins excessifs. Il découvre en elle non seulement une distinction impérieuse, mais les marques d'un tempérament ardent qui s'allient à des signes de mort bien propres à exciter sa sensualité funèbre : *Cette femme a un charme à la fois mourant et ironique tout à fait singulier et auquel se mêle la séduction particulière des Russes : la perversité intellectuelle des yeux et le gazouillement ingénu de la voix. Et de temps en temps, la frêle personne à la grâce languide est secouée par une petite toux sèche... il me semblerait que, si elle se donnait à moi, je boirais sur ses lèvres un peu de mort... Par moments, elle a contre elle des resserrements de bras qui me font penser à un corps ligoté dans un cercueil.*

Mais sous les caresses de Maupassant, ce spectre aux *gestes paresseux, brisés et dans lesquels monte, par moments, comme une fièvre* [285], devient une bête outrageuse, une divinité démoniaque. Parlant d'elle, Maupassant lâche cet aveu tragique qu'il est incapable *de résister au désir de l'émerveiller.* Et, dans une improvisation prodigieuse, il tente de suggérer à l'interlocuteur qui l'interroge avec circonspection quels sont les prestiges baudelairiens qu'il attribue à sa maîtresse. Tour à tour il loue les parfums dont elle s'imprègne et le fumet qui monte de sa chair, la puissance de ses consentements et l'efficacité de ses refus. Il conclut : *Elle est un aphrodisiaque irrésistible.* Il se promet de modérer les transports qu'elle lui inspire, mais, incapable de tenir d'aussi sages résolutions, il sait qu'après chaque rencontre, il s'expose à souffrir des jours et des jours *comme un damné* [286].

D'ailleurs, l'idée un peu ridicule du danger mortel que feraient courir les excès sexuels au mâle le plus robuste ne cesse de le hanter. Il considère que, plutôt que risquer de périr à satisfaire les appétits d'une femme, l'homme doit enfreindre délibérément les règles de l'honneur conjugal et ne pas hésiter à choisir un coadjuteur qui consente à l'assister dans les travaux de Vénus : ainsi recouvrera-t-il force et santé. Dans l'un de ses contes les plus vifs, il vante la sagesse d'un nommé Blérot. Il en fait l'un de ses doubles. Comme Maupassant, chaque fois que la femme qu'il aime sollicite ses caresses, Blérot se dit : *C'est la dernière fois. Je*

ne veux plus de ces baisers mortels [287]. Il cède pourtant derechef et, se comparant à un fumeur invétéré, il se résigne au trépas, déclarant : *Quand on est pris dans l'engrenage d'une pareille passion ou d'un pareil vice, il faut y passer tout entier* [288]. Pourtant l'épouse de Blérot n'annonce pas par son aspect la violence de sa fougue. Ce succube a les allures d'un de ces spectres diaphanes où se complaît le morbide génie d'Edgar Poe. Mais, à la bien considérer, le roulis qu'elle ne cherche pas à réprimer lorsqu'elle déambule, pourrait renseigner les habiles sur l'urgence de ses désirs : *Sa femme, que je ne connaissais point, était une grande jeune fille blonde, un peu mince, jolie, avec des yeux pâles, des cheveux pâles, un teint pâle, des mains pâles. Elle marchait avec un léger mouvement onduleux, comme si elle eût été portée par une barque. Elle semblait faire en avançant une suite de longues révérences gracieuses* [289]. Mais Blérot ne meurt pas, car il introduit à temps dans l'intimité de sa femme *un grand garçon... fort brun, avec des joues velues et un aspect d'hercule mondain* [290].

Quoiqu'il ignore les tourments de la jalousie possessive et qu'il expose volontiers ses maîtresses à la curiosité de ses amis, Maupassant n'a pas le bas courage d'user d'un tel subterfuge. Professant un monisme personnaliste fort intransigeant, il ne croit pas que la chair des hommes poursuive une existence distincte de celle de leur esprit : *il faut de l'intelligence pour donner à un autre être la plus grande somme de jouissance* [291]. Cette espèce d'idéalisme érotique l'induit souvent, après 1880, à se déjuger lui-même et à pétrarquiser, tout en se complaisant dans des dérèglements sadiques. Certes, il se livre à un pillage fréquent et dangereux d'appas trop chers, mais il prend soin, en même temps, d'écrire de multiples lettres d'amour. Il en rédige parfois cinq dans une même journée. Les quelque quinze cents pièces de cette énorme correspondance n'ont point été publiées. Mais on peut imaginer assez facilement leur ton général en examinant le fragment conservé d'un texte, daté de Tunis, qui en fait partie. Certes, Maupassant y apparaît comme un homme de désir. Mais il ne considère pas toujours ce dernier

Il faut y passer tout entier. *(Dessin de Maupassant.)*

comme un simple acheminement vers la volupté. Il lui accorde une valeur poétique. Il estime que, grâce à lui, on peut avancer assurément dans la connaissance féminine. Il croit que, par lui, on arrive à interpréter le langage des yeux de celle que l'on chérit : *Ces petites énigmes claires, impénétrables et profondes, ces petites taches bleues, noires ou vertes, qui, sans changer de forme ni de couleur, expriment tour à tour l'amour, l'indifférence et la haine, la douceur qui apaise et la terreur qui glace, mieux que les paroles les plus abondantes et que les gestes les plus expressifs* [292].

A lire cette capiteuse protestation, on s'aperçoit que Maupassant, tout enclin qu'il soit aux jeux délétères du sexe, ne reste pas toujours englué dans sa corruption charnelle. Il ne borne pas son plaisir de chasseur de femmes à l'assouvissement d'appétits momentanés et successifs. Don Juan qui pantèle, il trouve la force de poursuivre sa déplorable quête dans la contemplation abstraite d'un type, qui n'est, peut-être, qu'un archétype et dont il s'avoue incapable d'incarner l'image. Il se ressent des influences littéraires symbolistes qui l'atteignent malgré lui. Ce n'est pas sans étonnement que l'on découvre dans les propos de sa conversation ordinaire des confidences déchirantes analogues à celles-là : *La seule femme que j'aime vraiment... c'est l'Inconnue qui hante mon imagination, celle qui sera comblée de toutes les perfections incompatibles, que jusqu'ici je n'ai jamais rencontrées. Elle sera profondément sensuelle, tout en gardant le contrôle d'elle-même : une coquette avec une âme. La découvrir, voilà la grande aventure de la vie, et il n'en est point d'autre* [293].

Cette Princesse Lointaine, Maupassant n'arrive pas à la rencontrer au cours d'une trop brève vie, qui ne fut jamais lénifiée par les heureux apaisements de la vieillesse. Les contes d'amour qui lui tiennent le plus à cœur ne sont point ceux où il transpose ses fureurs ordinaires, mais ceux où il narre la passion pure et nostalgique d'amants qui n'ont jamais pu se rejoindre dans l'amicale tiédeur d'une intimité complice. Excité par la magie de la campagne armoricaine, un rêveur romantique ressent, à la vue d'une maison bâtie sur une plage, une impression d'anamnèse. Il la visite. Sur la cheminée

L'inconnue qui hante mon imagination

du salon, il aperçoit *une grande photographie de femme.* Cette vue lui arrache des paroles à la fois insensées et lucides : elles nous renseignent mieux qu'une étude clinique sur l'amoureuse disponibilité de Maupassant qui, lorsqu'il voyage, cherche moins à se perdre lui-même qu'à trouver celle qui le comblera : *C'était elle, elle-même, celle que j'attendais, que je désirais, que j'appelais, dont le visage hantait mes rêves. Elle, celle qu'on cherche toujours, partout, celle qu'on va voir dans la rue tout à l'heure, celle qu'on va trouver sur la route dans la campagne dès qu'on aperçoit une ombrelle rouge sur les blés, celle qui doit être déjà arrivée dans l'hôtel où j'entre en voyage, dans le wagon où je vais monter, dans le salon dont la porte s'ouvre devant moi* [294].

Maupassant souhaite-t-il, avec une sincérité foncière, s'unir à cette créature prédestinée dont il se plaît à caresser la vision onirique ? A lire certaines des histoires courtes qu'il compose, on pourrait en douter. Il semble y vanter les vertus de l'amour insatisfait, cette passion frustrée de son dû naturel dont les troubadours célèbrent l'excellence. La comtesse Marie Baranow meurt à Cannes, comblée par les dons d'une *étrange amitié* [295] dont elle s'est refusée à profaner les mystères. Une rempailleuse au cœur sensible rend l'esprit, presque heureuse, parce qu'au cours de sa vie, elle a, de temps en temps, aperçu le bourgeois égoïste qu'elle a eu l'audace d'embrasser, lorsqu'il était enfant [296]. Georges Garin reste célibataire pour mieux savourer le souvenir qui lui reste d'une nuit passée auprès d'une jeune Anglaise sur une épave battue par les flots [297]. Le capitaine Revalière, mutilé des deux pieds, n'épouse pas la jeune fille qu'il aime et ne regrette pas trop sa diminution physique, tant il se plaît à méditer la passion triste qui le maintient en vie par ses tortures mêmes [298]. Enfin, si grands soient ses préjugés aristocratiques, Maupassant relate avec émotion les divers travaux du long service d'amour muet que le serviteur Alexandre, sacrifiant ses légitimes espérances, a rendu, pendant trente-cinq ans, à une patronne adorée, qui ne s'en doutait qu'obscurément [299].

Différences

Il faut encore noter, si on étudie les mœurs amoureuses de Maupassant, qu'il n'a presque jamais nourri une passion durable pour une femme de l'aristocratie française. Ses grandes amours, qu'il les ait possédées ou qu'il ait vainement soupiré pour elles : Emmanuella, Geneviève, Lulia, les deux Marie, ont toutes une marque d'exotisme. Certes, elles ne présentent point cet attrait innocent des femmes primitives dont Maupassant célèbre les vertus. Elles ne ressemblent pas aux concubines impubères, aux *petits animaux humains* qu'un monarque indien prévoyant a pour coutume de fournir à ses hôtes, quitte, pour les punir de délits fictifs, à les précipiter dans un lac artificiel, après les avoir fait coudre dans un sac [300]. Elles ne sont pas aussi rapides qu'Allouma, l'Algérienne des confins du désert, fille experte à triompher dans *l'éternelle lutte entre les deux brutes humaines, le mâle et la femelle, où le mâle est toujours vaincu.* Elles ne dégagent pas, comme cette *fille d'un caïd des Ouled Sidi Cheik... une sorte d'odeur de gazelle* [301]. Mais elles unissent en elles, à une aisance de manières si parfaite qu'elle les autorise à toutes les impertinences, toutes les désinvoltures, soit la nostalgie capricieuse des Slaves, soit le charme hébraïque. A ce dernier, Maupassant est si sensible que sa conduite provoque la fureur cafarde des antisémites. L'un d'eux n'hésite pas à noter cette remarque, à la fois fausse et cruelle : « La société juive a été funeste à Maupassant et à Bourget. Elle a fait de ces deux êtres intelligents des gandins de lettres, avec toutes les petitesses de la race [302]. »

Ici l'on ne doit procéder qu'avec d'extrêmes précautions. La passion quasi nostalgique qui pousse Maupassant à priser fort haut les singularités de la femme juive, a des qualités bizarres qui proviennent peut-être d'une fâcheuse tradition dont on ne saurait trop dénoncer la nocivité. Accordant, inconsciemment, à toute fille d'Israël une vocation magique, Maupassant éprouve à son endroit le sentiment équivoque, fait de désir sadique et d'horreur sacrée, qui incite le profane à se glisser dans la couche des pythonisses et des stryges.

Il se persuade, cependant, qu'il risque gros à solliciter ses caresses. Il croit savoir que, selon l'avis du démon qui la possède, elle est aussi prompte à dispenser les maléfices que les luxurieux assouvissements. Peignant une femme qui a la fâcheuse faculté d'exciter la convoitise de l'homme, tout en lui ravissant les moyens physiques de la satisfaire, il en tire un portrait dont tous les maniaques qu'afflige un complexe racial se délecteraient : *C'était une brune, une brune grasse, avec des cheveux luisants, mangeant le front, et des sourcils liant les deux yeux sous leur grand arc allant d'une tempe à l'autre* [303]. Il loue ses yeux, fenêtres ouvertes sur des ténèbres abyssales : *L'œil était pareil à une tache d'encre sur l'émail blanc. Ce n'était pas un œil, mais un trou noir, un trou profond ouvert dans sa tête, dans cette femme, par où on voyait en elle, on entrait en elle.* Il ajoute avec une brièveté plus significative que de longs aveux : *J'imaginai que c'était une Juive. Je la suivis* [304]. Bientôt, il découvre, entre ses épaules, la marque distinctive des sorcières : *une grande tache en relief, très noire.* Dès lors, il voit en elle *un de ces êtres dangereux et perfides qui ont pour mission d'entraîner les hommes en des abîmes inconnus* [305]. Son souvenir l'obsède. Il répète sans cesse ces paroles, dont on ne saurait exagérer l'importance psychologique : *Qui est-elle ? Une Asiatique, peut-être ? Sans doute une Juive d'Orient ? Oui, une Juive ! J'ai dans l'idée que c'est une Juive. Mais pourquoi ? Voilà ! Pourquoi ? Je ne sais pas* [306].

Oui, Maupassant, toute sa vie, hanté par les résidus d'une superstition atavique, victime d'une enfantine illusion, s'est appliqué, plein d'abnégation et de savant érotisme, à déchiffrer ce qu'il croyait être le mystère goétique des femmes d'Israël. Les malveillants disent même qu'il succomba à cette tâche. C'est avec deux sœurs juives que, négligeant de tenir compagnie à sa mère, il soupe et veut se divertir durant la nuit de Noël 1891 : « Mais que se passait-il dans ce réveillon ? » se demande un mémorialiste acerbe [307]. Rien, assurément, qui puisse soulever la réprobation d'humanistes avides. Mais on ne saurait empêcher les mauvais amateurs de récits noirs d'imaginer Maupassant, célébrant avec deux enfants de Lilith les rites d'une sorte de sabbat où, usant ses

dernières forces dans un excès de voluptés illicites, il voit s'obscurcir les lueurs vacillantes de sa raison.

Traitant avec un mépris critique cette légende baroque, on peut du moins affirmer que, s'il s'enchante des mirages poétiques et sensuels dont l'enveloppent ses maîtresses israélites, cet envoûtement, loin de l'abêtir, l'aide à résoudre, avec plus d'honnêteté que la plupart de ses contemporains, empoisonnés par les diatribes abjectes de Drumont, les problèmes que pose la contribution des Juifs à l'édification de la cité moderne. En général, il ne nourrit contre eux aucun ressentiment. Il juge que, dans la France métropolitaine, ils jouent un rôle bénéfique et contribuent grandement au progrès de la société. En revanche, les Juifs du Maghreb, dont il méconnaît les rares mérites, le transportent d'indignation. Il partage sans discernement les préjugés que les autochtones nourrissent contre eux. Dans un mouvement de colère plus véhément que véridique, il ne craint pas de vitupérer *ces rapaces qui sont le fléau, la plaie saignante de notre colonie, le grand obstacle à la civilisation et au bien-être de l'Arabe* [308].

Mais cette injustice ne fausse pas durablement la rectitude de sa pensée. Il réprouve la stupidité cruelle des paysans français qui contraignent à une existence solitaire ceux qui, ne fréquentant pas les offices du culte catholique, sont accusés de judaïser [309]. Bien plus : il ne balance pas à rédiger une minutieuse apologie du fécond esprit d'entreprise qui distingue les Israélites français. Loin de considérer ceux-ci comme des parasites, il les montre qui suppléent par les utiles inventions de leur génie créateur à l'oisiveté stérile de la noblesse et de la haute bourgeoisie. Il admire *le travail caché, incessant, des Juifs persécutés partout* [310]. Il les félicite de ruiner *l'ancienne Société sans avoir besoin de l'acheter.* Il comprend, malgré ses secrètes répugnances de poète bucolique, que, maîtres des capitaux bancaires, lorsqu'ils visent à la destruction d'une économie parcellaire et rurale, pour la remplacer par une économie collective et citadine, ils sont les agents d'une évolution nécessaire, qui accroîtra provisoirement le bien-être des masses. C'est avec sympathie qu'il rapporte le discours que prononce le financier juif William

Andermatt devant la bourgade auvergnate qu'il médite de transformer à brève échéance en opulente station thermale : *Nous sommes les puissants d'aujourd'hui, voilà, les vrais, les seuls puissants ! Tenez, regardez ce village, ce pauvre village ! J'en ferai une ville, moi, une ville blanche, pleine de grands hôtels qui seront pleins de monde, avec des ascenseurs, des domestiques, des voitures, une foule de riches servie par une foule de pauvres* [311].

Si Maupassant ne plaint pas les paysans du Centre, c'est qu'il n'ignore pas que leur faculté d'adaptation et leur ruse attentive les empêcheront de pâtir de la nouvelle distribution des richesses. En revanche, il plaint de toute son âme les fellahs d'Afrique du Nord, victimes des spoliations colonialistes que les manieurs d'argent perpètrent avec la complicité des gens au pouvoir. Pour éviter d'encourir le reproche d'antisémitisme, il se garde d'assurer que ce soient exclusivement des Juifs. *Monsieur Walter, le riche Israélite ... a encaissé de trente à quarante millions sur l'emprunt, et de huit à dix millions sur des mines de cuivre et de fer, ainsi que sur d'immenses terrains achetés pour rien avant la conquête et revendus le lendemain de l'occupation française à des compagnies de colonisation* [312]. Mais son entourage d'arrivistes, de politiciens tarés, de femmes cupides, se réclame d'une civilisation chrétienne, si bien que l'on peut conclure que, dans *Bel Ami*, Maupassant fait la satire, non pas de la prétendue perfidie juive, mais de l'infamie financière.

Je dois, pourtant, au respect de la vérité, de noter que Maupassant, malgré l'adoration dont il entoure la femme israélite, admet qu'une insoluble incompatibilité physique oppose aux non-Juifs les Juifs. Son regard est sans doute altéré par la vue des caricatures antisémites que l'ignominie de son temps multiplie. De fait, il donne volontiers une allure singulière aux Juifs qu'il peint, sans pourtant les affliger jamais de traits odieux : *Un peu trop gros déjà pour sa taille qui n'était point haute, joufflu, chauve, l'air poupard, les mains grasses, les cuisses courtes, il avait l'air trop frais et malsain, et parlait avec une facilité étourdissante* [313].

William Andermatt, dont on vient de lire le portrait, a

beau combler sa femme, l'aristocratique Christiane, d'attentions constantes et raffinées, celle-ci n'ignore pas que jamais de lui elle ne concevra d'enfant et qu'*entre elle et lui, aucun lien jamais n'existerait.* Aussi le trompe-t-elle *sans aucun remords.* Et Maupassant de conclure avec une mélancolie discrète : *Ils étaient trop différents sans doute, trop loin l'un de l'autre, de races trop dissemblables. Il ne comprenait rien d'elle, elle ne comprenait rien de lui. Pourtant il était bon, dévoué, complaisant. Mais, seuls, peut-être, les êtres de même taille, de même nature, de même essence morale, peuvent se sentir attachés l'un à l'autre par la chaîne sacrée du devoir volontaire* [314]. En somme, les pseudo-différences raciales qui, d'après Maupassant, distinguent entre eux les pauvres hommes, ne seraient qu'une malice démoniaque, calculée pour rendre plus pénible encore la solitude existentielle dont ils pâtissent naturellement.

Politique

La façon dont Maupassant, à propos du prétendu problème juif, médite sur les difficultés sociales du monde moderne m'incite à exposer sommairement ses idées politiques. Celles-ci se recommandent par leur permanence. Maupassant les met en forme sous le principat de Mac-Mahon. Sans doute admet-il qu'*un tyran... s'il se rencontre intelligent (ce qui est infiniment rare)* est capable de *beaucoup de bien* [315]. Mais quand il songe au Maréchal-Président, *la patience* lui *échappe devant l'imbécillité criminelle de ce crétin.* Il découvre en lui le type même du chef d'État qu'éblouit le prestige d'un impérialisme fat. Il l'accuse d'avoir *arrêté tout le travail intellectuel d'un pays,* ce qui entraîne, par une conséquence odieuse, la ruine *des pauvres (les seuls qu'on ruine)* et l'exaspération des masses. Si bien que la dictature larvée de l'Ordre Moral porte, enfin, devant l'histoire, la triste responsabilité d'avoir *aiguillonné la guerre civile comme les tristes taureaux qu'on rend furieux dans les cirques d'Espagne* [316].

Ce qui, d'après Maupassant, a permis l'établissement d'un

régime aussi niais et aussi néfaste, c'est la complicité des classes dirigeantes : *ramassis de beaux messieurs qui batifolent dans les jupes de cette vieille traînée dévote et bête qu'on appelle la bonne société : ils fourrent le doigt dans son vieux con en murmurant que la société est en péril, que la liberté de pensée les menace.* Avec ironie sarcastique, Maupassant rêve d'une révolution moins clémente que celle où s'achève le dix-huitième siècle. Il se délecte à la pensée d'un massacre total des piètres notables dont la cruelle veulerie l'écœure. Il adresse aux radicaux cette prière parodique : *Délivrez-nous des sauveurs et des militaires qui n'ont dans la tête qu'une ritournelle et de l'eau bénite.* Mais il n'espère guère que soit exaucée son oraison, car les divinités temporelles auxquelles il l'adresse ont *bien souvent du petit bleu à la place de cervelle* [317].

Cependant, même au cas où l'extermination des beaux messieurs, sots patentés, s'accomplirait, la situation politique de la France demeurerait critique. Dans ce pays, dénué de sens civique, courir la carrière d'un homme de gouvernement n'atteste pas une compétence spéciale : *Autrefois, quand on ne pouvait exercer aucune profession, on se faisait photographe ; aujourd'hui on se fait député* [318]. Et Maupassant, témoignant de préoccupations techniques qui ne lui sont pas coutumières, souhaiterait que l'on fondât une sorte d'académie, creuset où des maîtres experts élaboreraient les *classes dirigeantes nouvelles*, formées *d'hommes, nés de pères ayant manié le pouvoir, élevés dans cette idée, instruits spécialement pour cela, comme on instruit spécialement les jeunes gens qui se destinent à la Polytechnique* [319]. A cet idéal institut répond dans une certaine mesure l'École des sciences politiques. Mais Maupassant, s'il s'est avisé de son existence, a dû demeurer sceptique sur son efficacité, car il témoigne d'un navrant pessimisme, lorsqu'il examine les divers pactes constitutionnels que pourraient souscrire les Français.

Adversaire déterminé de l'autocratie, il n'arrive pas, pourtant, à donner un assentiment sans réserves aux systèmes démocratiques. Les principaux modes de représentation démocratique lui paraissent présenter de graves inconvénients, car si, selon lui : *le suffrage restreint est une injustice,*

Le suffrage universel est une stupidité

le suffrage universel est une stupidité. Tout en estimant qu'en France les *hommes supérieurs d'une façon quelconque* composent, dénombrés rigoureusement, une sorte d'*état-major de onze mille deux cent cinq esprits* au plus, il se désole qu'avec une violence expansive que rien ne peut atténuer, *le nombre inintelligent*, dans le monde moderne, *prime le génie, le savoir, toutes les connaissances acquises, la richesse, l'industrie, etc.* [320] Aussi n'hésite-t-il point à se déclarer anarchiste, tout en donnant de ses convictions une définition dont l'obscurité volontaire s'accompagne d'une dédaigneuse ironie, puisque, formant le vœu de voir la France régie par le *pouvoir le plus effacé, le plus insensible, le plus libéral au grand sens du mot*, il se montre fermement résolu à persister vaillamment dans une attitude d'opposition délibérée, *ennemi éternel de ce même pouvoir, qui ne peut être, de toute façon, qu'absolument défectueux* [321].

Quoique, naturellement impatient de ce qui risquerait de réduire ses franchises, il répugne à cabaler et à recruter, il n'en rêve pas moins, parfois, de devenir le chef secret d'une confrérie d'opposants. Mais il se refuse à y admettre des femmes, *parce qu'elles sont le* sexus sequior, *le sexe second à tous égards, fait pour se tenir à l'écart et au second plan* [322]. Professant la misogynie compensatrice qui distingue les voluptueux, caressant le rêve absurde de s'entourer d'esclaves consentantes, non seulement il déplore que ministres et députés sollicitent trop souvent les conseils de capricieuses Égéries, mais se révolte que, dans une fallacieuse fièvre d'émancipation, certaines égarées négligent de répondre à leur vocation propre et veuillent obtenir les mêmes droits politiques que les hommes. Que ne se contentent-elles d'être *la séduction de la vie, l'illusion sans fin* [323] *!*

Contre la guerre

A l'anarchie, au dédain que professe Maupassant pour les suffragettes – *toutes ces folles sont des hystériques* [324] – s'ajoute une horreur explicite du patriotisme, *idée... mère qui entretient la guerre* [325]. Aussi déteste-t-il le programme d'expansion territoriale dont, par des moyens souvent peu humains, la Troisième République poursuit avec opiniâtreté l'accomplissement. La mentalité des Français, qui mettent l'Afrique du Nord en coupe réglée, excite sa fureur. Lui qui recherche en Algérie non seulement la sécheresse d'un climat pur et propre à calmer ses maux, mais l'occasion d'un apaisement spirituel, il souffre que cette contrée soit comme avilie par la présence d'ambitieux cupides qui l'exploitent et la méconnaissent. Il leur reproche de refuser de s'adapter. Pourquoi transporter avec eux cet ensemble inconvenant de mœurs et d'habitudes métropolitaines ? Il s'exclame, dans un noble mouvement d'indignation : *Nous sommes restés des conquérants brutaux, maladroits, infatués de nos idées toutes faites. Nos mœurs imposées, nos maisons parisiennes, nos usages choquent sur ce sol comme des fautes grossières d'art, de sagesse et de compréhension. Tout ce que nous faisons semble un contre-sens, un défi à ce pays, non pas tant à ses habitants premiers qu'à la terre elle-même* [326].

Lorsque Maupassant séjourne en Algérie, il tente de convertir ses compatriotes en se débarrassant de toute morgue et en manifestant aux indigènes qui le rencontrent ou le servent une intelligente sympathie. Mais, si constants soient ses efforts, il n'arrive point à changer assez sa manière d'être pour les entendre parfaitement. Les fellahs des campagnes aussi bien que *les Arabes dits civilisés des maisons mauresques d'Alger* restent, malgré l'apparence, insensibles à ses bons procédés. Ils demeurent, si on l'en croit, *inconnus, mystérieux, menteurs, sournois, soumis, souriants, impénétrables* [327]. Ce qui l'autorise à achever ses remarques par cette péroraison désolante : *Jamais peut-être un peuple conquis par la force n'a su échapper plus complètement à la domination réelle, à l'influence morale, à l'investigation acharnée, mais inutile, du vainqueur* [328].

Maupassant convient pourtant que certains officiers se distinguent heureusement de la masse ignorante et superbe des occupants européens. Dirigeant les bureaux arabes, investis de pouvoirs exceptionnels, ils n'abusent pas de ceux-ci, mais *instruits, lettrés*, arrivent parfois avec bonheur à percer les secrets de la civilisation maghrebine [329]. Peut-être parviendrait-on à assurer le bonheur de l'Algérie en la soumettant à un *gouvernement militaire avec des concessions de terres accordées à tous les officiers après trente années de service colonial*, car ces hommes *ont appris depuis longtemps à connaître et à aimer le pays* [330]. Mais ces dotations domaniales, comment les obtenir, sinon en dépossédant de leurs champs et de leur pâtis les premiers propriétaires ? D'ailleurs, le seul *système de colonisation* que soient capables d'inventer les maîtres temporaires du peuple français consistera toujours *à ruiner l'Arabe, à le dépouiller sans repos, à le poursuivre sans merci et à le faire crever de misère* [331]. Il s'ensuit que, par instinct de conservation, ne concevant plus rien qui puisse aggraver son malheur, il recourra sans cesse à

Maupassant à Constantine (1890).

l'insurrection. Séjournant, avec une joie de pirate, dans les cantons algériens dont la population s'est vu contrainte d'entrer en dissidence, Maupassant étudie les techniques de la guérilla. Il décrit les combats évasifs que les rebelles engagent contre les forces de l'ordre. Il ne peut s'empêcher d'admirer ces espèces de génies de l'air qui *disparaissent sans laisser de traces, puis reviennent brusquement alors qu'on les suppose bien loin* [332]. La constante inconsistance de ces guerriers d'occasion finit par exaspérer, non pas les officiers, mais les sous-officiers et hommes de troupes français. Gens frustes et avides, ils entendent participer au pillage des biens indigènes. Nul ne les en blâme, *l'Arabe étant un peu considéré comme la proie naturelle du soldat* [333].

Mais à leur rapacité s'ajoutent les témoignages concrets d'une cruauté dont l'inclémence d'un climat torride exaspère les manifestations. Avec une impassibilité ironique, qui dissimule imparfaitement sa réprobation, Maupassant narre, entre autres, l'épouvantable histoire d'un transport de prisonniers rebelles, *liés de telle sorte que le moindre mouvement de l'un pour s'enfuir l'eût étranglé, ainsi que ses deux voisins.* Ce mode de coercition se nomme en argot technique *la chaîne arabe* [334]. Il fait des victimes puisque, constate Maupassant, lorsque la troupe des malheureux hors-la-loi parvint à destination, *il n'en était mort que six en route ; mais il avait fallu bien souvent desserrer les nœuds d'un bout à l'autre du convoi, car toute secousse étranglait d'un seul coup une dizaine de captifs* [335]. Maupassant ne se donne pas la peine de conclure. Il dédaigne de proposer à ses compatriotes d'évacuer l'Algérie par souci de justice et de charité. Pourquoi essayer de réformer à force d'homélies morales une humanité imperfectible ? L'anarchie est un mol oreiller sur lequel la tête douloureuse de Maupassant berce son dégoût et sa rancœur.

Religiosité

Cette vénérable angoisse, pour une grande part de ses formes, atteste des préoccupations religieuses. Certes, comme on l'a déjà noté, Maupassant professe constamment une haine de Dieu qui n'est, en somme, que la projection théologique du pessimisme cosmique dont l'ont à jamais imprégné les leçons de Flaubert. Mais cette détestation qui, si l'on prend garde à certaines expressions outrées, paraît confiner à la fureur, ne concerne pas le Christ. Rapportant un propos qu'il attribue à Napoléon Ier, Maupassant loue Jésus et déclare, avec l'espèce de pompeuse gravité à laquelle on se plairait à reconnaître un disciple de M. Homais : *Dans tout ce qu'a fait cet homme – Dieu ou non – il y a quelque chose de mystérieux, d'insaisissable aux...* [336]. Le fils de Marie ne lui paraît pas seulement digne d'être admiré, parce qu'il a manifesté les qualités d'intuition et d'action propres aux génies supérieurs, mais aimé comme un frère, parce que, pareil à tous les hommes périssables, il a joué sur terre le rôle ingrat d'éternelle dupe d'un Dieu malin. Ayant de lui *reçu une fausse mission, celle de nous illusionner par une nouvelle religion,* il l'a remplie de telle sorte *qu'il a pris pour nous la place de son Inspirateur* [337].

Cette espèce de profession de foi, qui se ressent des divagations des socialistes positivistes et mystiques du dix-neuvième siècle, explique peut-être pourquoi Maupassant n'éprouve pas de répugnance à l'idée qu'un prêtre l'assiste lorsqu'il touchera à son heure dernière. Il proteste qu'il n'en usera de la sorte que pour éviter de scandaliser les personnes de son entourage. Mais comme une couple de libertins qu'il a conviés à sa table se récrient sur sa lâcheté, il montre, par sa contenance, qu'il désapprouve leur athéisme facile : « Il prit une rose dans la corbeille du milieu de la table et l'effeuilla sur son assiette très lentement, comme s'il eût désiré ne pas voir arriver le dernier pétale. Son sourire contraint me fit comprendre qu'il souhaitait que ses invités eussent un peu plus de délicatesse en ne touchant pas à son indépendance d'opinion [338]. » Au reste, Maupassant ne pense pas que toutes les dénominations chrétiennes soient également dignes de respect. L'idée qu'un pasteur puisse accéder par surprise à sa couche mortuaire le remplit de dégoût, car il tient tout ministre protestant pour le *faux prêtre d'une religion bâtarde* [339], d'une religion illégitime qui a évacué le christianisme de sa substance. Il accueillerait, au contraire, avec respect un abbé romain dont le sacerdoce est à ses yeux chargé de mystère.

C'est qu'il estime, comme maints poètes ou primitifs, que la terre tout entière est contenue dans une coque d'impalpable matière sacrée qui se condense dans certains sites, dans certains êtres signés de la marque sacerdotale, dans certains objets prédestinés. Il s'acharne à suivre les traces des pèlerins de jadis. Les diverses beautés du Mont-Saint-Michel, qu'il peint avec une étonnante virtuosité [340], ne suscitent pas en lui une simple émotion esthétique. Il aime s'attarder dans les mosquées algériennes, *très paisibles asiles de prières où aucun bruit ne pénètre jamais* [341]. Les sanctuaires chrétiens ou islamiques, il y jouit d'une façon de sérénité existentielle accompagnée de cette sorte de crainte féconde que provoque toujours la présence pressentie d'un inqualifiable je-ne-sais-quoi. La visite des alignements de Carnac lui procure la même troublante tranquillité. Il ferait volontiers siennes les remarques d'*un vieux homme vêtu de noir, avec un livre sous le bras,* qu'il surprend en train d'inspecter *cette foule humaine de granit.* Ce contemplateur, reflet de Maupassant lui-même, prononce en effet les paroles notables que voici : *Voilà cinq ans que je fais des fouilles sous ces pierres, elles ont presque toutes un secret, et je m'imagine parfois qu'elles ont une âme. Quand je remets les pieds au boulevard, je souris, là-bas, de ma bêtise, mais quand je reviens à Carnac, je suis croyant – croyant inconscient – sans religion précise, mais les ayant toutes.* Et cette exclamation que ponctue un geste plein de violence affirmative : *Ceci est une terre de religion* [342].

Pour fixer les impressions, qu'il éprouve dans les temples des diverses confessions il lit volontiers les ouvrages des grands spirituels. Il s'amuse même sans pédanterie à esquisser de timides comparaisons entre les thèmes et les préceptes de la mystique chrétienne et ceux de la mystique musulmane [343]. C'est à cette dernière qu'il réserve ses préférences. Il pense y trouver, comme jadis Gérard de Nerval, les maximes d'une sorte de voluptueux quiétisme, complémentaire de la quiétude qu'il éprouve lorsque, hôte choyé d'un notable algérien, il expérimente la perfection d'un confort qui l'aide à peupler de douillettes images son rêve ordinaire d'évasion : *Mes murs seraient moelleux et rebondissants comme des poitrines de femmes et, sur mes divans en cercle autour de chaque appartement, toutes les formes des coussins me permettraient de me coucher dans toutes les postures qu'on peut prendre* [344].

Au reste, le sacré n'est pas pour Maupassant un simple dispensateur de repos, mais la source, aux bouches multiples, d'une énergie que certains compétents savent utiliser. Quoique les amateurs puissent tirer de ses œuvres les éléments d'une gnose aux aspects strictement traditionnels, on ne saurait affirmer qu'il ait étudié avec foi les élucubrations des occultistes romantiques ou classiques. Il leur témoigne pourtant une admiration spontanée, disant : *Je sais certains hommes qui s'adonnèrent à ces choses-là et qui n'étaient pas des sots* [345]. Lui-même s'applique à dresser une

Ces pierres, elles ont presque toutes un secret.

liste des phénomènes inexplicables qui, souvent, déconcertent l'harmonie du milieu où il vit. Il souffre des accès d'une crainte difficilement qualifiable et les examine avec une rigueur de médecin attentif. Il est, inopinément, la victime de cette *convulsion que donne à l'âme la pensée qu'on va rencontrer un spectre errant, qu'on va subir l'étreinte d'un mort, qu'on va voir une de ces bêtes effroyables qu'invente l'épouvante des hommes* [346]. Participant aux imaginations collectives des groupements qu'il fréquente, il recueille, en Bretagne, le témoignage de ceux qui se croient frôlés par une charrette fantôme [347]. Au sud de Ouargla, il enregistre le témoignage de ceux qui ont entendu *le mystérieux tambour des dunes* [348]. Il a tendance à soutenir les thèses d'une angélologie rudimentaire et à se convaincre que des êtres invisibles l'environnent. Il souhaiterait développer en lui *l'œil qui les verrait* – troisième œil – *ou plutôt l'organe inconnu qui pourrait les découvrir* [349]. Se livrant aux pratiques d'une innocente magie cérémonielle, il consulte, comme Faust, son miroir. Par une perception familière aux métapsychistes, il y assiste à la translation d'une *eau* qui glisse *de gauche à droite, lentement* [350].

J'ajoute que le don magnétique lui semble transformer quelques adeptes involontaires en radiateurs d'impérieux effluves qui, les dépossédant de leur libre arbitre, leur donnent le sentiment d'être possédés par un double [351]. Rien là qui ne soit banal et, d'un certain sens, ridicule, pour les spécialistes des sciences secrètes. Mais de telles notions, si le commun des curieux les tolère facilement, agissent sur l'organisme des malades commes des venins mentaux. Or Maupassant, rongé par un mal insidieux, se sent peu à peu intoxiqué par les idées occultistes qu'il conçoit et, leur prêtant une consistance affreuse, les illustrant de la relation des troubles divers dont il pâtit, aidé, de plus, par les aberrations de son tempérament mal tempéré, invente un fantastique, sinon nouveau par les sujets qu'il traite, du moins puissamment original par son style psychique.

Maladies fantastiques

Manquant de compétence médicale, me bornant à rapporter en les commentant discrètement les témoignages que Maupassant a portés sur lui-même, je n'essaierai d'établir ni le diagnostic ni la chronologie de sa maladie. Je me contenterai de rappeler les observations qu'il a faites et d'en indiquer l'importance littéraire. Recelant en lui les résidus héréditaires d'une infection spécifique, qui atténue et prolonge les effets d'une contamination personnelle, dont on établirait vraisemblablement la date entre 1873 et 1876, Maupassant présente, fort jeune, de douloureux symptômes. La paralysie générale met plus de dix ans à achever dans le mystère organique de son être une œuvre de dégradation mortelle. Ne se doutant pas de l'origine de ses douleurs, il ne leur assigne pas à toutes une même cause. Chaque fois qu'il est affligé par une nouvelle sorte d'épreuves physiques, il se croit atteint par une nouvelle maladie. En 1876, il respire mal, son cœur s'affole. Comme il fume avec excès, on croit à *un commencement d'empoisonnement par la nicotine* [352]. Ses palpitations s'apaisent, mais *des* (sic) *herpès* lui corrodent l'épiderme [353]. En 1878, il estime qu'*un rhumatisme constitutionnel* lui *a d'abord attaqué l'estomac et le cœur, puis, en dernier lieu, la peau* [354]. En 1879, il incrimine la mauvaise circulation de son sang et, pour l'améliorer, se livre aux exercices physiques les plus violents [355]. Mais bientôt des incapacités graves commencent à le gêner. En 1880, il est frappé de cécité partielle. Il n'y voit *presque plus de l'œil droit* [356]. Bientôt *une paralysie de l'accommodation de l'œil droit* se déclare [357]. Alors, trop naïf et trop mal informé pour entendre ce qui le ruine, il s'accorde avec son médecin pour estimer que, *atteint de la même maladie que sa mère : une légère irritation de la partie supérieure de la moelle*, il encourt la menace d'accidents de santé, *ayant des causes purement nerveuses* [358]. Il lui arrive d'être travaillé par d'affreuses coliques [359]. Il feint même de croire, avec une ironique absurdité, que des varices qui lui boursoufleraient les tissus de la gorge, auraient eu la malice de lui *descendre dans le ventre*, lui causant *des hémorragies terribles, avec 39 de fièvre, pendant six jours à Florence*, en 1889 [360].

Pour le soulager, les médecins qu'il consulte rivalisent entre eux d'ingéniosité. Ils lui inspirent une peur panique d'accroître ses tortures en s'exposant à de mauvaises influences. Débarquant à La Spezzia, au cours d'un de ses périples maritimes, il apprend qu'il y a un cas de scarlatine, abandonne le déjeuner commandé à l'hôtel et remonte dans son bateau [361].

Mais il n'est pas dépourvu d'ironie envers lui-même. Il est conscient du ridicule qu'il y a de vivre dans un continuel état d'urgence par crainte de l'action nocive d'imaginaires virus. N'a-t-il pas, dans un jour de délectation critique, brossé la caricature convulsive du pauvre M. Panard, sorte de Joseph Prudhomme qui quitte précipitamment la chambre d'un hôtel de Cannes où flotte une odeur de phénol, par crainte d'une imaginaire épidémie de choléra [362] ?

Il suit scrupuleusement les ordonnances des praticiens dont il est le patient, quitte à murmurer parfois avec lassitude : *Dans tous les cas, c'est bougrement emmerdant* [363]. Que n'ingurgite-t-il point ? Bromure de potassium, iodure de potassium, arsenic, teinture de colchique, granules homéopathiques, tisanes amères, sirops, eaux minérales, perchlorure de fer, tous les éléments d'une pharmacopée toxique se mêlent à ses humeurs et les altèrent. Pour le maintenir en bonne condition, on lui fatigue l'estomac en le bourrant de lourdes nourritures. On le gave d'œufs, de poissons de mer, de volaille, de viande rouge que l'on immerge dans des flots de lait pour en faciliter la digestion [364] ! Mais ces médicaments et ce régime alimentaire ne diminuent pas les douleurs qui lui taraudent le crâne quasi continuellement. Lui qui, par désir de s'introduire, comme Baudelaire et ses émules, dans des paradis artificiels, s'adonne aux stupéfiants, lui qui sait distinguer les *effets du haschich des effets de l'opium et de la morphine* [365], lui qui énumère les caractères du *rêve* que procure le *haschich* et *des visions un peu maladives de l'opium* [366], il pense d'abord trouver dans l'usage de l'éther un remède à ses perpétuels maux de tête. Dès 1880, la propriétaire de la chambre qu'il occupe à Chatou constate que celle-ci *empeste l'éther* [367].

Souvent il abuse de cette drogue qu'il croit miraculeuse et pense atteindre, emporté par un horrible élan, les portes de la vésanie. En 1888, il écrit à la plus délurée de ses confidentes : *Je suis malade comme je ne l'ai jamais été. La migraine et l'éther ont provoqué chez moi tantôt deux heures de folie absolue* [368]. Mais le plus souvent l'éther, en même temps qu'il calme momentanément ses souffrances, le doue, lui semble-t-il, d'une intelligence séraphique. Il découvre en lui une aide indispensable de la création littéraire. Il ne craint pas d'attribuer à un médecin, grand ennemi de tous les poisons de l'intelligence, cette déclaration téméraire : « Non, l'éther, rien que l'éther et j'ajoute que vous autres, hommes de lettres, vous en devriez user quelquefois [369]. »

L'éther, selon Maupassant, est avant tout un agent cathartique, un instrument de purification, la cause ingénue d'une nouvelle naissance. Qui le respire, sa poitrine devient d'abord comme un vase dont s'échappent de lourdes humeurs. Puis il a le sentiment que ses os, ses muscles, ses viscères se dissolvent et qu'il n'est plus qu'une outre de peau sensible tendue sur un vide charmant, « peau nécessaire pour *lui* faire percevoir la douceur de vivre [370] ». Au bourdonnement peu distinct qui le berçait tandis que s'allégeait sa cage thoracique, succèdent de plaisantes perceptions auditives : quatre voix échangent des paroles incompréhensibles, *des sons indistincts*, fond sonore sur lequel se détache parfois *un mot* [371]. Alors l'éthérisé change de nature. Il accède à une sorte de dignité divine. Affranchi des servitudes du mal métaphysique, ayant pourtant *goûté à l'arbre de la science*, il *déchiffre tous les mystères* et peut se réputer *un être supérieur, armé d'une intelligence invincible* qui éprouve *une jouissance prodigieuse à la constatation de sa puissance* [372].

Par l'éther, Maupassant passe à l'état d'égrégore, d'initié par destination naturelle. Les quelques notions d'occultisme trivial dont il dispose l'engagent, lui qui se flatte de tout entendre, à des enquêtes métapsychiques qu'il mène sans aucune méthode. Persuadé qu'il peut utiliser ses facultés innées d'intuition, que la drogue subtilise, pour détecter derrière le décor des choses quotidiennes quelques réalités dérobées, et sans doute interdites, il prononce un jour, devant le plus humble de ses témoins, cette espèce de profession de foi : *Je vous assure, du reste, que bien des choses qui nous entourent nous échappent. Plus tard, quand on les découvre, on est très étonné de ne pas les avoir aperçues déjà. Puis notre apathie nous porte à voir partout l'impossible, l'invraisemblable* [373].

Contre cette indolente démesure, Maupassant se défend mal. Parfois, il croit rencontrer des êtres sans nom, dont l'approche le pénètre d'une telle angoisse qu'il se refuse à la prolonger en les décrivant. Sur la route du cimetière de Grasse, il croise quelque chose d'insolite. Pour conjurer la menace que ce je-ne-sais-quoi fait peser sur lui, il requiert la présence d'un prochain auquel il puisse rendre compte de son aventure. Mais soudain, averti par les gardiens du seuil, qui interdisent le divulgation des arcanes, il se tait [374]. D'autres fois, il ne s'astreint pas à la même prudence. Il a le tort de se vanter de ses découvertes hétéroclites et de provoquer contre lui la raillerie de ses perfides compères, les écrivains naturalistes, en leur expliquant qu'il a le don pernicieux *de voir sur les fauteuils de petits bonhomets rouges* [375]. Croit-il à l'objectivité de ces microbes de l'astral ? Il hésite. Il estime que l'éther le transforme en un puissant démiurge qui disperse dans l'aura du monde semi-psychique de nombreux doubles de lui-même.

Tantôt ceux-ci lui apparaissent spontanément. Leur manifestation est favorisée par la brume. Elle prend l'aspect d'une extase, c'est-à-dire d'un abandon de la coque vide du corps par une entité subtile, solide, personnelle, analogue aux marmousets qui, sur les reliefs des sanctuaires médiévaux, jaillissent de la bouche crispée des agonisants. Maupassant parcourt les rues de Paris, toutes feutrées de brouillard. Il note : *Les passants que j'ai rencontrés m'ont fait l'effet d'ombres se mouvant dans la fumée.* Il ajoute : *Moi-même, je m'apparaissais comme un fantôme sans chair et sans os, avec une tête vide de pensées.* Il jouit de cet état de vacance intérieure dont il est, d'habitude, redevable à l'éther. Il conclut : *Il me semblait vraiment que mon âme se fût, en quelque sorte, dissoute dans cet*

TERREUR

Ce soir-là j'avais lu fort longtemps quelque auteur.
Il était bien minuit, et tout à coup j'eus peur.
Peur de quoi ? je ne sais, mais une peur horrible.
Je compris, haletant et frissonnant d'effroi,
Qu'il allait se passer une chose terrible...
Alors il me sembla sentir derrière moi
Quelqu'un qui se tenait debout, dont la figure
Riait d'un rire atroce, immobile et nerveux :
Et je n'entendais rien, cependant. O torture !

élément trouble qui me baignait et qu'elle flottait au-dessus de ma tête dans la brume [376].

Mais parfois le cordon ténu qui rattache Maupassant à son double se rompt. Ce dernier se dépense pour mener une existence autonome, voire nouer avec son original des relations quasi-mondaines. Quand celui-ci quitte son logis, l'autre s'y installe et parodie les gestes de l'écrivain dont il s'est momentanément séparé. Maupassant fait un jour à Paul Bourget cet aveu sinistre : *Une fois sur deux, en rentrant chez moi, je vois mon double. J'ouvre ma porte et je me vois assis sur mon fauteuil. Je sais que c'est une hallucination au moment même où je l'ai. Est-ce curieux ? et, si on n'avait pas un peu de jugeote, aurait-on peur* [377] *!* L'anxiété qu'éprouve Maupassant à considérer ce décalque intempestif de lui-même lui procure de singulières délices masochistes. Au lieu de fuir son double, de le tenir pour un produit aberrant de son encéphale surexcité, il le traque, il tente de le prendre au piège. Se rappelant que les mages se servent des miroirs pour capturer et domestiquer les images des invisibles, il examine avec attention, dans une glace de cristal, son reflet. Parfois, après quelques minutes de contestation muette, celui-ci s'écarte comme un rideau qu'on tire. Et Maupassant, le visage blême, de s'écrier : *C'est curieux, je vois mon double* [378]. Mais il arrive que, récalcitrant, le reflet mutin résiste aux attaques mentales que lance contre lui Maupassant. Il ne s'efface pas. Sa persistance dans l'espace lucide du miroir, loin de ramener le romancier à une appréciation normale de l'économie de sa personne, désagrège ses défenses et le pousse à douter tragiquement de son identité. Maupassant s'en explique sans ambages en ces termes : *Savez-vous qu'en fixant longtemps mes yeux sur ma propre image réfléchie dans une glace, je crois parfois perdre la notion du moi ? En ces moments-là tout s'embrouille dans mon esprit et je trouve bizarre de voir cette tête que je ne reconnais plus. Alors il me paraît curieux d'être ce que je suis, c'est-à-dire quelqu'un. Et je sens que si cet état durait une minute de plus, je deviendrais complètement fou. Mon cerveau se viderait peu à peu de pensées* [379].

On ne s'étonnera donc point que, dans les nombreux contes

fantastiques qu'il a composés, Maupassant traite avec prédilection les deux thèmes connexes du double et de l'être invisible, détachés dans le monde pour y préparer l'éviction de l'humain. Aux insolites qu'il décrit ou dont il laisse supposer la présence, il attribue une constitution anthropomorphe. Mais, admettant que l'âme magnétique du monde soit capable de donner aux objets inertes une façon de personnalité, il lui arrive aussi d'assister à des défilés d'animaux provisoires, rigides et grotesques, pareils aux ustensiles animés que l'Apprenti-Sorcier essaie vainement de soumettre à ses désirs, et l'on peut supposer que ces choses-fantômes le hantent souvent, chargeant d'effrois nouveaux le décor de ses demeures [380].

A ces hantises classiques Maupassant ajoute ses obsessions personnelles et de leur mélange tire de puissants effets d'art magique. Les migraines, qui l'empêchent souvent de mener une vie normale, orientent vers l'état de sa tête son attention frénétique. Il accorde à celle-ci une importance privilégiée. Comme les primitifs, il place dans ses cheveux le siège de son énergie vitale. Le soir, il s'en occupe avec diligence, « s'amuse dans l'obscurité à en faire sortir des étincelles électriques qui font... assez de bruit sous le passage du peigne, surtout à la partie qui entoure ses oreilles [381]. » Sans doute espère-t-il débarrasser de la sorte son cerveau des fluides nocifs qui le gonflent. Il est ainsi porté à couronner le crâne des spectres qu'il évoque avec les anneaux d'une abondante chevelure et à supposer que, pour calmer les douleurs dont ils pâtissent, ces damnés cherchent à user de moyens analogues à ceux qu'il emploie. Un fantôme de femme, séquestré dans une demeure isolée, adresse à un jeune officier tremblant cette prière caractéristique : *Peignez-moi! oh! peignez-moi; cela me guérira; il faut qu'on me peigne. Regardez ma tête... Comme je souffre; et mes cheveux, comme ils me font mal [382]!*

D'ailleurs, Maupassant critique avec lucidité son propre état. Il se demande si le fétichisme de la chevelure et de la pilosité féminines qui compte au nombre de ses manies sexuelles n'est pas à l'origine de son besoin de subir la caresse d'un démêloir d'écaille. Il n'ignore pas que cette innocente habitude peut dégénérer en folie érotique, car *l'esprit de l'homme est capable de tout* [383].

Comme sa courtoisie naturelle l'empêche d'imposer trop fréquemment à ses maîtresses la cérémonie du peignage galant, il les remplace par un substitut vivant. Dans une écriture sinueuse qui ne lui est guère habituelle, parlant des femmes, il note : *Quand on goûte la joie sensuelle et savoureuse, de leur caresse délicate, on sent bien qu'on tient une chatte, une chatte à griffes et à crocs, une chatte perfide, sournoise amoureuse ennemie, qui mordra quand elle sera lasse de baisers* [384]. S'entourant donc de félins domestiques, il les flatte avec l'espèce de gourmandise qu'il manifeste lorsque, avant de le pénétrer, il palpe les succulentes zones d'un beau corps élu. Mais sa dilection se poivre de haine. Il se venge sur ces animaux familiers des trahisons de celles que la rigueur des lois l'empêche de châtier à sa guise. Sur eux il assouvit aussi certaines envies de meurtre qu'il refoulait, étant enfant : *J'aimais déjà les chats avec de brusques désirs de les étrangler dans mes petites mains* [385]. Il leur prête d'ailleurs aisément de sombres desseins. Il narre, avec complaisance, l'épouvantable histoire d'un matou qui, par jalousie, lacère les joues et crève les yeux d'un innocent [386]. Mais il réprime d'ordinaire la concupiscente aversion qui le soulève contre eux et s'amuse à tirer de leur pelage un crépitement analogue à celui dont il fait vibrer la harpe de ses propres cheveux : « Le soir, la lampe baissée, avec un peigne très fin en écaille, qu'il avait rapporté d'Italie, il peignait la fourrure de ses chattes, à contre-sens, et dans l'obscurité il s'amusait à en faire jaillir des lueurs phosphorescentes [387]. »

Non content de relater dans des textes étranges et désobligeants ses bizarres expériences, Maupassant, à mesure que la maladie détériore les parties nobles de son être, se traite lui-même comme un personnage d'outre-monde et devient à ses propres yeux une pénible fiction. Prétendant à la dignité de surhomme, il se plaît, en août 1891, à importuner Auguste Dorchain du récit d'exploits imaginaires : *Voyez ce parapluie ! il ne se trouve qu'à un seul endroit par moi découvert, et j'en ai déjà fait acheter plus de trois cents pareils dans l'entourage de la princesse Mathilde... Avec cette canne je me suis défendu un jour contre trois souteneurs par-devant et trois chiens enragés par-derrière* [388]. Il s'attribue les prérogatives des princes régnants et pare avec magnificence les trop simples souvenirs de ses excursions. Ayant projeté de visiter l'escadre de la Méditerranée, il s'imagine de bonne foi que l'amiral Duperré, pour l'honorer, ordonne à ses vaisseaux de tirer un nombre infini de dispendieuses salves [389]. Mais, malgré le plaisir d'orgueil que lui causent ces fables ostentatoires, l'état de sa tête continue à lui inspirer les plus poignants soucis. Radiateur de rayons obscurs et d'éclairs lumineux, n'est-elle pas remplie de substances pernicieuses dont l'acidité ronge peu à peu le for intérieur de son rêve ? Il se persuade que, par suite d'instillations imprudentes dans ses fosses nasales, elle est devenue le réceptacle sensible d'une sorte de sel alchimique instable, capable de fermenter. Celui-ci se transforme *en une pâte gluante* qui, lui coulant *par le nez et la bouche*, tarit sa salive, dévitalise ses cordes vocales, gêne son souffle, corrode son estomac [390].

Lorsque, après le 7 janvier 1891, il séjourne à Passy dans la maison de santé du docteur Blanche, il s'imagine que les médecins rendent plus virulents encore les ravages dont le ruine la diffusion de son sel intérieur en lui injectant *de la morphine, dont les gouttelettes lui font des trous dans le cerveau* [391]. Cependant il ne donne aucune relâche à son activité de virtuose de la fabulation fantastique. S'adressant au *mur qu'il a en face de lui* [392], il y peint des interlocuteurs influents, *des banquiers, des courtiers de Bourse, des hommes d'argent* qu'il met en demeure de lui apporter dans sa cellule des sommes considérables [393], ou, se souvenant qu'il passe pour habile tireur au pistolet, il arpente *la cour du premier préau* et provoque *un ennemi invisible* qu'il accuse peut-être *de pédérastie*, vice pour lequel il professe une horreur singulière. Contraint à une chasteté définitive et préoccupé d'engendrer des continuateurs de sa race, il demande à la grande nature, dont les beautés végétales l'ont si souvent consolé, de l'aider à ne pas périr tout entier. Il fiche des

Maison de santé du Docteur Blanche à Passy

rameaux verdoyants dans le terreau d'un parterre et s'écrie : *Plantons cela ici ; nous retrouverons l'an prochain des petits Maupassant* [394]. Il renie les femmes qu'il a adorées. Il ne se sert pas de leur image comme d'un instrument de luxure solitaire et, suprême renoncement, qui manifeste mieux que tout autre signe son aliénation mentale, il attribue des qualités maléfiques aux menus présents dont elles souhaitent soulager sa misère. L'une d'entre elles lui fait parvenir une bourriche de *raisins dorés... Avec un rire bestial*, le voilà qui s'exclame : « Ils sont en cuivre ! » *en refusant d'y toucher* [395].

Médecins

Certes Maupassant n'aurait pas connu les catastrophes de santé qui ont fini par l'anéantir si l'art médical de son temps avait disposé de remèdes efficaces. Aussi taxe-t-il les médecins d'impuissance et, lorsqu'il esquisse leur portrait, il le pousse d'ordinaire jusqu'à la caricature féroce. Il regrette que les disciples d'Esculape s'attachent plutôt à supprimer de désagréables symptômes qu'à étudier les particularités physiologiques et psychologiques de leurs malades pour leur prescrire un régime qui convienne à leur cas singulier. Il voudrait qu'au lieu de lui entonner des litres de drogues dont on peut dire : *Tout cela agit, il est vrai, mais personne ne sait comment, quelquefois ça réussit et quelquefois ça tue* [396], ceux qui le traitent, prenant soin d'établir à son intention un programme d'alimentation équilibrée et de massages subtils, obéissent à cette injonction qui devrait paraître impérative à tous les médecins : *Faites fonctionner le corps... faites fonctionner la peau, les muscles, tous les organes et surtout l'estomac, qui est le père nourricier de la machine entière, son régulateur et son magasin de vie* [397].

Cette phrase laisse deviner une émotion contenue, quoique Maupassant, par ironie, la place dans la bouche d'un faiseur. On peut être assuré que, durant toute sa vie, bien qu'il dépense avec une folle prodigalité son énergie vitale, il a aspiré à la sérénité un peu sotte d'une humble et saine existence. De même qu'il rêve vainement que les efforts de l'art médical imposent à ses humeurs un tempérament normal, de même, lui qui a raillé avec une si diligente cruauté les petits bourgeois, il envie leurs mœurs simples et leurs plaisirs honnêtes. Ayant eu trois enfants, un garçon et deux filles, d'une humble employée de station thermale, il résiste aux représentations que lui font une mère et un valet entichés de bon ton et ne les délaisse pas entièrement. Quand les soins de son œuvre, de ses maîtresses et de son corps lui permettent de disposer de quelque loisir, il leur rend visite. Il essaie de n'être pas seulement pour eux un protecteur lointain. Il revêt l'aspect d'un éducateur, sinon sévère, du

ET. CARJAT.

moins strict. Il les interroge pour se rendre un compte exact de leurs progrès scolaires. Sans doute se dit-il obscurément qu'un comportement bien réglé de bon époux et de bon père lui eût évité bien des déboires de tous ordres.

Objectivité

J'ai décrit, en évitant de mon mieux le ridicule d'une pitoyable emphase, quelques-uns de ces derniers. Mais je proteste que, chaque fois que Maupassant compose un texte, la lucidité de son esprit reste éclatante. Dans les années les plus sombres de sa vie, tandis qu'il considère les contes et nouvelles dont il pourvoit régulièrement les gazettes comme d'utiles bagatelles, exercices de contrôle de sa propre sagacité, il prétend, par des recherches dont on ne saurait trop admirer la rigueur raisonnable, réformer l'art du roman français en lui imposant les règles d'un nouveau classicisme. Dès 1887, il dédaigne les morceaux de bravoure, les gestes passionnels, les colloques forcenés que l'on rencontre dans ses premiers romans. Il ne projette plus de décrire la lutte que les divers groupements humains mènent sans merci les uns contre les autres pour améliorer leur condition et précipiter le cours de l'histoire. Il estime qu'à remplir l'espace restreint d'un roman d'une trop grande quantité d'anecdotes, de scènes à la fois significatives et divergentes, on fatigue l'attention du lecteur au point de l'exténuer, tout en nuisant à l'unité structurale du texte narratif que l'on travaille à construire. Relisant *Manon Lescaut*, il y discerne déjà ce qu'il appellera par la suite *l'admirable forme du roman moderne*. Il félicite l'abbé Prévost d'avoir dédaigné *d'être uniquement un artiste, un ingénieux montreur de personnages*. Il reconnaît en lui *un admirable évocateur d'êtres humains* [398].

Ce mot : *évocateur*, il le dépouille de toute acception magique. L'employant, il essaie d'indiquer que Prévost est parvenu, par une suite nécessaire des travaux de sa pensée et de son écriture, à obtenir des effets de parfaite objectivité. Cette dernière est, à ses yeux, l'essence d'un vrai classicisme.

Seule, elle affranchirait le roman français de ses erreurs circonstancielles. Aussi tâche-t-il de peindre le portrait des romanciers futurs, encore inconnus, qui la cultiveraient avec une fervente jalousie.

Les objectivistes, « prétendant nous donner la représentation exacte de ce qui a lieu dans la vie », ne tentent pas de manifester une vérité scientifique, ou même de savoir par les causes. C'est pourquoi ils *évitent avec soin toute explication compliquée, toute dissertation sur les motifs. Ils se bornent à faire passer sous nos yeux les personnages et les événements*, tout en ne se contentant pas de pousser devant nous un simple défilé de formes évasives. Ce qui assure la solidité de leurs héros, c'est que, sous leur apparence immédiate, on pressent les ressorts d'une machine psychique, dont, créateurs, ils entendent tous les rouages, s'ils se gardent de les exposer.

Maupassant, en somme, se reproche à lui-même et reproche aux romanciers de son âge autant d'impudeur que de fatuité subjective. Il les accuse de se divertir à confesser leurs goûts et leurs répugnances par le truchement de créatures plausibles qu'ils inventent perfidement à cet effet. Or, d'après lui, une analyse psychologique, pour accroître la consistance d'une figure de roman, doit être obscurément contenue dans celle-ci comme dans un automate un mécanisme quasi intelligent. Il insiste avec une vigueur décisive sur les heureux effets de cette précautionneuse dissimulation. Parlant des romanciers selon son cœur, il déclare : *Ils cachent la psychologie au lieu de l'étaler, ils en font la carcasse de l'œuvre, comme l'ossature invisible est la carcasse du corps humain. Le peintre qui fait notre portrait ne montre pas notre squelette* [399].

Ici, une difficulté se propose à sa compétence. Il tâche de la résoudre élégamment. L'homme, corps et âme, n'est pas, de sa naissance à sa mort, un objet unique, mais une succession d'objets différents, qui, sous le choc d'événements déterminés, s'abolissent, pour être remplacés par d'autres. Or chacun des objets vivants qu'évoque un romancier objectif doit, tant qu'il s'en occupe, non pas, à proprement parler, demeurer semblable à lui-même, mais attester avec lui-même une constante identité. Une telle condition ne peut être remplie que pendant une série de moments assez courts que termine le remplacement de la personne-objet considérée par une nouvelle entité aussi concrète, aussi intègre que la précédente. Il s'ensuit que, d'après Maupassant, le romancier objectif s'aperçoit bientôt que la règle des trois unités, à laquelle s'efforcent d'obéir les auteurs de tragédies classiques, loin de gêner son propos, le facilite. Il n'essaie plus de relater tous les épisodes de la vie de ses personnages-objets principaux, mais, les envisageant à *une certaine période de leur existence, il les conduira, par des transitions naturelles, jusqu'à la période suivante* [400].

Ce passage, se produisant dans un temps relativement bref, n'a pas l'univers entier pour décor, mais un petit nombre de lieux restreints. On ne peindra pas ces derniers avec des particularités pittoresques dont la profusion risquerait d'indisposer l'attention du lecteur. Ils n'auront d'autre emploi que d'ajouter des significations complémentaires aux signes qu'émettent les personnages-objets centraux. Ceux-ci recevront seuls l'éclairage direct d'une constante lumière. Les divers moyens de l'art conspireront à les faire apparaître.

Toute coquetterie abusive d'écriture nuirait à la poursuite d'une semblable fin. Aussi Maupassant, quoiqu'il lui arrive de s'attrister que Stendhal ait *méconnu la toute-puissance du style qui est la forme inséparable de l'idée* [401], adjure-t-il le romancier objectif d'éviter avec soin ce *vocabulaire bizarre, compliqué, nombreux et chinois qu'on nous impose aujourd'hui sous le nom d'écriture artiste* [402]. Si grand soit le respect qu'il professe pour Edmond de Goncourt, il considère les romans de celui-ci comme de pernicieux modèles que le romancier objectif s'interdira de suivre. Ravalé au rang des mauvais maîtres, le propriétaire du Grenier d'Auteuil s'indigne. Il estime, quant à lui, que Maupassant *n'est pas un écrivain*, que les textes qu'il produit n'ont jamais cette originalité de lexique et de rythme qui leur donnerait du prix, comme au bas d'un tableau la signature d'un maître. Il couche sur ses tablettes cette remarque critique par laquelle il prétend venger son injure : « Une page de Maupassant n'est pas signée, c'est tout bonnement de la bonne copie courante appartenant à tout le monde [403] ». Mais Edmond de Goncourt ne se doute pas que son adversaire, s'il avait pu lire cette note, en eût tiré un extrême contentement, car le souci de l'objectivité implique la recherche d'une apparente banalité de langage, bien faite pour abuser les fats.

Réussite littéraire

Espérant que la publication de *Pierre et Jean* (1887) soit considérée par les historiens de la littérature comme la première manifestation d'un genre de roman auparavant inconnu, Maupassant n'arrive pas à dissimuler son angoisse. Il craint que la nouveauté de son entreprise ne détourne de lui la faveur du public. Tenant son livre pour *cruel*, tant par le sujet traité que par les moyens mis en œuvre, il lui prédit *un succès littéraire, mais non pas un succès de vente.* Tout en se répétant comme un démiurge satisfait : *Je suis sûr que le livre est bon*, lui qui passe pour monnayer trop facilement les charmes de son art populaire, il se décide, en grossoyant des pièces de théâtre, à céder au diable une part de son talent, *afin d'écrire mes livres absolument à ma guise sans me préoccuper le moins du monde de ce qu'ils deviendront* [404].

Certes il est fondé à vanter la perfection et l'intransigeance de *Pierre et Jean.* Cependant il n'ignore pas que l'originalité de son roman n'est pas totale. S'il peut se glorifier d'être arrivé à en traiter les personnages avec une objectivité formelle sans pareille, s'il a observé les conventions d'une composition syllogistique, s'il s'est employé, non sans succès, à n'y *pas laisser reconnaître* son *moi par le lecteur* [405], il n'est point parvenu à oublier, par un heureux détachement créateur, ses préoccupations ordinaires. Le thème qu'il choisit de varier, il en a souvent indiqué l'intérêt : c'est celui de l'angoisse qui saisit certains hommes, lorsque, découvrant l'inconduite de leur mère, ils s'aperçoivent qu'ils sont les jouets d'une imposture d'état-civil. Ce thème fondamental fournit, certes, à Maupassant, un prétexte à peindre, de façon circonstanciée, les péripéties d'une sorte d'enquête policière, propre à lui permettre d'enregistrer avec détachement des gestes successifs. Mais le décor où elle se déroule, l'enquêteur lui-même, sa proie et leurs comparses participent tous de cet esprit petit-bourgeois que Maupassant a défini depuis longtemps par de piquantes caricatures.

En composant *Pierre et Jean*, il fait néanmoins une découverte importante. Il s'aperçoit que le romancier objectif, tendant nécessairement à négliger les préoccupations sociales de ses héros, doit, pour demeurer véridique, les affranchir de tout souci de trésorerie ou de carrière, ou, tout au moins, les inciter à ne pas lui laisser envahir le champ de leur conscience quotidienne. A la différence des personnages qui paraissent dans ses précédents écrits, les héros de *Pierre et Jean* ne se posent guère la question d'argent. Ils ne sont point torturés par le besoin de parvenir. Retraités, chômeurs indolents, faux raffinés, ils ne se sentent pas obsédés par l'impérieuse urgence d'une activité régulière et rémunératrice. Ils sont protégés par leur condition à la fois confortable et mesquine. Ils disposent d'autant de loisirs que les hauts dignitaires qui peuplent les tragédies de Racine.

Se félicitant des facilités qu'offrent à son génie ces affranchis malgré eux, Maupassant, après 1887, se décide à ne plus s'intéresser que pour des oisifs. Les protagonistes des deux grands romans objectifs qu'il achève avant de mourir, n'étant sollicités par aucune occupation servile, ont le temps de se laisser contempler et de se contempler eux-mêmes. Mais la disgrâce d'être issus de boutiquiers enrichis leur est épargnée. Ils appartiennent à la meilleure société parisienne, à un milieu mondain dont Maupassant n'a guère jusqu'alors représenté les mœurs et conditions par suite d'un scrupule excessif : il doutait d'avoir à sa discrétion une documentation suffisante.

S'abusant sur ses desseins, ses contemporains voient en lui non pas un écrivain désireux de mener à son terme, par des moyens appropriés, l'expérience brillamment inaugurée par *Pierre et Jean*, mais un romancier mondain, stupidement avide de flatter une coterie de dandys dédaigneux. Dans sa générosité hautaine, il dédaigne de dissiper ce malentendu

A LA GLOIRE DE GUY DE MAUPASSANT

SES DEUX FILLES

qu'entretiennent de venimeux confrères. L'un d'eux écrit avec hargne : « Le roman mondain, le roman régnant et qui a comme ouvriers à l'heure présente Bourget, Hervieu, Lavedan et même Maupassant, n'a pas d'intérêt : c'est la monographie du rien [406]. » Mais, précisément, le mérite de Maupassant consiste à prouver que ce rien, loin d'avoir la nullité du néant, s'offre au connaisseur sous l'aspect d'un objet important et grave. A parfaire cette démonstration, il témoigne de *cette profondeur insondable* [407] que lui reconnaissent les plus malveillants.

Ses deux derniers romans : *Fort comme la mort* (1889) et *Notre cœur* (1890) doivent être considérés, tout d'abord, comme des physiologies de l'oisiveté, pour leur appliquer une sorte de désignation familière aux écrivains romantiques. Maupassant y découvre aux habiles ses secrets d'atelier en y insérant un portrait général des oisifs mondains, où la sécheresse classique du trait fait valoir la précision des détails. A la façon de La Bruyère, il y énumère les divers gestes qu'un homme bien renté, bien introduit dans les meilleures compagnies, se doit de répéter quotidiennement pour ne pas déchoir. Sans porter sur lui de jugement moral, il le réduit d'abord à l'automatisme d'une sorte de pantin dont les divinités abstraites du bon ton tirent les fils et qui, incapable d'attitudes ou de pensées autonomes, traverse, lieu-commun-fantoche, une succession de communs lieux. Mais, quoiqu' il se flatte de camper de la sorte *une silhouette irrésistiblement comique* [408], il laisse pressentir que ce distingué guignol, à force de toujours accomplir ce qu'une sévère éthique conventionnelle exige de lui, se prive de toute possibilité de divertissement fantaisiste, si bien que, quand une passion l'occupe, rien ne saurait l'en distraire. Il s'ensuit que sa conduite amoureuse semble obéir à des lois d'une rigueur implacable, chacune de ses démarches sentimentales faisant suite à la démarche précédente, comme les propositions enchaînées d'un sorite. Le romancier objectif qui l'observe peut donc peindre avec une minutieuse facilité les contenances sans surprises de ce sensible homme-machine, faisant accepter, sans difficulté majeure, à son lecteur, qui se prend au jeu, qu'un être apparemment frivole, voire sceptique, puisse parfois se résoudre, faute de disposer d'une volonté de métamorphose efficace, à un suicide larvé où s'affirme, sous un masque décent, pour la première et dernière fois, une sorte de liberté négative, aussitôt perdue que conquise.

Mais d'ordinaire l'oisif, par une fatalité ontologique, répugne à toute solution extrême, la trouvant malséante. Il persiste dans son être, sans se permettre le moindre écart. Le romancier objectif s'en réjouit, lui dont la pudeur classique déteste de relater des scènes de mélodrame. Que l'on considère, par exemple, les attitudes réciproques des deux protagonistes de *Notre cœur*. Elles ne varient guère. Elles se déduisent les unes des autres. Elles se répètent périodiquement. Elles ne tendent pas, si violents soient les désirs qu'elles expriment, vers une fin déterminée. Lorsque le récit des aventures toujours analogues et toujours confuses, où Michèle de Burne et Mariolle se débattent languissamment, touche à son terme, on se demande si le roman objectif, tel que le conçoit Maupassant, n'implique pas une sorte d'adhésion résignée à une métaphysique de l'éternel retour et si sa dernière page ne doit pas, pour preuve qu'il est un système clos et parfait, renvoyer à son début.

En tout cas, le point final de *Notre cœur* ne termine pas la lutte courtoise qui oppose Mariolle et Michèle de Burne, espèce de psychomachie, singulièrement concrète, où s'affrontent un amateur trop délicat, trop dilettante pour être un amant robuste et une coquette préoccupée d'elle-même, qui lui ressemble comme une sœur, ou plutôt comme un double, sinon une doublure. Les mouvements visibles de la personne de celle-ci reflètent et répètent ceux de celui-là. A tous deux convient ce raccourci terrifiant de la vie de Michèle de Burne : *Tourmentée par ses nerfs et non par ses désirs, privée de toutes les préoccupations absorbantes des âmes simples ou ardentes, elle vivait dans un ennui gai, dans la foi commune au bonheur, en quête seulement de distractions et déjà courbaturée de lassitude, bien qu'elle s'estimât satisfaite* [409].

Notre cœur devrait être considéré comme le testament littéraire de Maupassant dont c'est l'œuvre la plus accomplie.

Modèle de roman objectif, représentation extérieure, minutieuse, concrète de deux durées intérieures, il pourrait, comme beaucoup de romans qui renoncent, pour respecter certains principes, aux accidents imprévus des intrigues vulgaires, ne pas éviter le défaut d'une intolérable monotonie. Or, malgré la constante similitude des situations que peint *Notre cœur*, elles nourrissent un intérêt soutenu. A croire que le lecteur, loin de vouloir qu'on lui dispense des motifs d'étonnement, ressent une joie profonde à n'être jamais déconcerté par l'atteinte d'un trait inopiné, qu'il aime qu'on l'envoûte en l'entourant d'un cercle mouvant d'images de même espèce, dont il essaie de surprendre, sans d'ailleurs surmener son attention, les presque imperceptibles variations.

On peut se demander si ce qui rend la vie littéraire de Maupassant particulièrement digne d'estime, ce n'est pas le propos qu'on y remarque d'épuiser toutes les possibilités du réalisme et du naturalisme, puis d'en décanter les doctrines un peu mêlées, pour en tirer une leçon d'objectivité essentielle, dont notre époque, si elle y prenait garde, entendrait à merveille les mérites prophétiques.

Disparition

Maupassant meurt à la maison de santé du docteur Blanche, le 6 juillet 1893. Des prêtres célèbrent à son intention l'office des trépassés. Souhaitant *après sa mort la réunion de son corps au Grand Tout, à la mère la Terre* [410], il a prescrit que l'on n'enferme pas son cadavre dans un cercueil. L'administration des Pompes Funèbres refuse d'accomplir ce vœu indécent. Des hommes de lettres suivent son convoi. Pour se défendre contre l'ennui qui les gagne, ils se racontent des anecdotes érotiques et funèbres. Maupassant, grand amateur d'humour macabre, ne s'en fût pas offusqué ; il eût même agréé peut-être, comme une offrande conforme à son génie, cette historiette rapportée par Jean Lorrain à ses compagnons de cortège : une petite fille est *violée par son tuteur* [411] dans la voiture de deuil qui accompagne le corbillard conduisant au cimetière la dépouille de sa grand-mère.

Maupassant entouré des notables de son époque ▶

499 — Barbedienne
500 — Chaplin
501 — Manuel
502 — Ménard-Dorian
503 — Antonin Mercié
504 — Léo Delibes
505 — Femmes du monde
506 — Meissonnier
507 — Gérôme
508 — Paul Dubois
509 — Frémiet
510 — Albert Wolff
511 — St Senène
512 — Guiraud
513 — Zola
514 — Alph. Daudet
515 — Edmond de Goncourt

516 — Puvis de Chavannes
517 — Bonnat
518 — Henner
519 — Alex. Dumas
520 — Richepin
521 — Guy de Maupassant
522 — Croizette
523 — Coppée
524 — Reichemberg
525 — Bizet
526 — Got
527 — Sarah Bernhardt
528 — Pailleron
529 — Claretie
530 — Jules Lemaitre
531 — Bartet
532 — Sardou

533 — Sarcey
534 — Augier
535 — Ludovic Ha
536 — Meilhac
537 — Madame A
538 — Massenet
539 — Becque
540 — Paul Herv
541 — Georges Oh
542 — Sully-Prudh
543 — Léon Cladel
544 — Antonin Pr
545 — Reyer
546 — Lockroy
547 — Clovis-Hugu
548 — de Cassagn
549 — F. Magnard

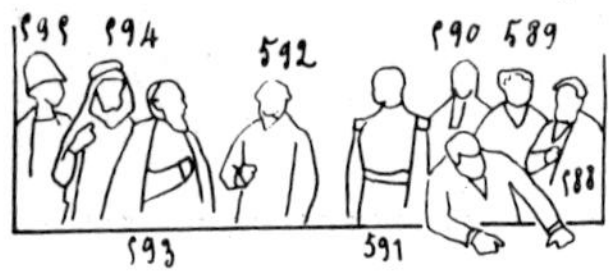

— Jules Roche
— Waldeck-Rousseau
— Jules Ferry
— Clémenceau
— duc de Larochefoucauld
— Hervé
— Marquis de Breteuil
— Comte de Mun
— Mgr. Freppel
— amiral Courbet
— Cernuschi
— Spuller
— Teysserenc de Bort
— Berger
— Charles Laurent
— Robert Mitchell
— Philippe Gille

567 — G. Jollivet
568 — Vitu
569 — Arthur Meyer
570 — Meyer
571 — Bergerot
572 — Armand Silvestre
573 — H. Rochefort
574 — Alex. Hepp
575 — Cornély
576 — Catulle Mendès
577 — Henri Fouquier
578 — Kaempfer
579 — Vollon
580 — Fourcaud
581 — de Méritens
582 — Alphand

583 — Eiffel
584 — Arène
585 — Bourdais
586 — Étienne
587 — Reinach
588 — Naquet
589 — L. Bert
590 — Allou
591 — Général Pitié
592 — Grévy
593 — Mgr de Lavigerie
594 — de Brazza
595 — Dr Armand

Textes

MAUPASSANT ROMANCIER DE LA PRISE DE CONSCIENCE

Aux esprits non-prévenus Maupassant apparaît sous l'aspect d'un expérimentateur obstiné dont la plupart des découvertes sont utilisées sans vergogne par la plupart des romanciers auxquels, depuis sa mort, le public français éclairé réserve ses faveurs. Les personnages qu'il crée, souffrant d'une incapacité presque totale de communiquer entre eux, divaguent, privés de fil conducteur, à travers le labyrinthe d'un monde hostile, absurde, larvaire, et ruminent incessamment les résidus d'un ennui non-romantique, qui leur donne une véritable nausée existentielle. Parfois ils confessent leurs tourments, mais le plus souvent ils essaient de les conjurer en agissant, quoiqu'ils n'ignorent point que tous les gestes, les plus généreux comme les plus égoïstes, sont affligés de vanité. Ils se définissent pourtant par ces gestes mêmes, dont la suite ininterrompue laisse défiler les motifs et les signes d'une certaine stylistique, d'une certaine sémantique. Ils suivent d'un regard sagace le déroulement de cette gestuelle, car ils mettent leur fierté dans l'exercice d'une constante lucidité.

Il s'ensuit que les passages des romans de Maupassant, qui méritent les plus grands éloges pour leur maîtrise et leur originalité, sont ceux où l'on voit des créatures humaines, qu'une sourde angoisse travaille, prendre soudain conscience de ce qui les inquiète, de ce qui risque de les perdre si elles n'observent pas une exacte vigilance.

Elles suivent une route obscure vers une zone de lumière dont l'éclat cruel peut les désemparer. Animées par un malaise, dont elles ignorent d'abord la cause, elles sont tristement aidées dans leur cheminement par des présages dont elles ne déchiffrent pas incontinent le sens. Les sites qu'elles contemplent, les passants qu'elles rencontrent, les pensées qu'elles forment, leur délivrent des indications qu'elles enregistrent, dont elles pressentent la pertinence sans l'évaluer, et qui, s'accumulant en elles, les chargent d'une énergie qui les pousse, qui les promeut vers une vérité momentanée où se manifeste enfin l'un des mystères fugaces de leur personne.

Le premier des textes que nous reproduisons est extrait de Pierre et Jean *(1888). Le docteur Pierre, jeune médecin sans clientèle, vit au Havre, chez ses parents, boutiquiers parisiens retirés des affaires. Il nourrit pour son frère Jean, jeune avocat sans causes, une tendresse condescendante. Au groupe de mornes petits bourgeois, dont il fait partie, un notaire vient d'apprendre que Jean hérite de la totalité de la fortune d'un vieil ami de la famille, Maréchal. Ce coup du sort ne réjouit pas Pierre qui, pour mieux analyser son trouble, se décide à faire une promenade solitaire dans la nuit maritime.*

Le second des textes que nous citons est emprunté à Notre cœur *(1890). Michèle de Burne, l'une de ces brillantes coquettes qui régentent la société des oisifs parisiens, est, depuis plusieurs mois, la maîtresse d'André Mariolle auquel elle s'est donnée, par décision délibérée plutôt que par zèle affectif et sensuel. Dans la solitude du coupé qui l'emporte à travers une averse d'avril, elle essaie de trouver l'origine de la répugnance qui lui fait tenir trop souvent pour fastidieuse une liaison dont elle ne songe pas, cependant, à briser les nœuds.*

Pierre comme Michèle, héros de la conscience sans complaisance, mènent à bien leur enquête et leur quête. Mais, tandis que les résultats de celles-là désespèrent Pierre, ils donnent à Michèle des raisons provisoires de persister dans son être, tout en modifiant légèrement sa conduite.

On admirera sans doute la pudeur et la rigueur de l'écriture de Maupassant. Évitant les outrances d'un naturalisme, qui lui a, malgré qu'il en ait, révélé l'extériorité des choses et des gens, il tend vers la litote. Et cette réserve lui permet de peindre, sans les altérer par un éclairage trop vif, les éléments psychologiques quasi-imperceptibles qui foisonnent et palpitent dans un for intérieur humain.

Prise de conscience de Pierre Roland

Dès qu'il fut dehors, Pierre se dirigea vers la rue de Paris, la principale rue du Havre, éclairée, animée, bruyante. L'air un peu frais des bords de la mer lui caressait la figure, et il marchait lentement, la canne sous le bras, les mains derrière le dos.

Il se sentait mal à l'aise, alourdi, mécontent comme lorsqu'on a reçu quelque fâcheuse nouvelle. Aucune pensée précise ne l'affligeait et il n'aurait su dire tout d'abord d'où lui venaient cette pesanteur de l'âme et cet engourdissement du corps. Il avait mal quelque part, sans savoir où, il portait en lui un petit point douloureux, une de ces presque insensibles meurtrissures dont on ne trouve pas la place, mais qui gênent, fatiguent, attristent, irritent, une souffrance inconnue et légère, quelque chose comme une graine de chagrin.

Lorsqu'il arriva place du Théâtre, il se sentit attiré par les lumières du café Tortoni, et il s'en vint lentement vers la façade illuminée ; mais au moment d'entrer, il songea qu'il allait trouver là des amis, des connaissances, des gens avec qui il faudrait causer ; et une répugnance brusque l'envahit pour cette banale camaraderie des demi-tasses et des petits verres. Alors, retournant sur ses pas, il revint prendre la rue principale qui le conduisait vers le port.

▲ Et Pierre s'assit à côté de son frère

Il se demandait : « Où irais-je bien ? » cherchant un endroit qui lui plût, qui fût agréable à son état d'esprit. Il n'en trouvait pas, car il s'irritait d'être seul, et il n'aurait voulu rencontrer personne.

En arrivant sur le grand quai, il hésita encore une fois, puis tourna vers la jetée ; il avait choisi la solitude.

Comme il frôlait un banc sur le brise-lames, il s'assit, déjà las de marcher et dégoûté de sa promenade avant même de l'avoir faite.

Il se demanda : « Qu'ai-je donc ce soir ? » Et il se mit à chercher dans son souvenir quelle contrariété avait pu l'atteindre, comme on interroge un malade pour trouver la cause de sa fièvre.

Il avait l'esprit excitable et réfléchi en même temps, il s'emballait, puis raisonnait, approuvait ou blâmait ses élans ; mais, chez lui, la nature première demeurait en dernier lieu la plus forte, et l'homme sensitif dominait toujours l'homme intelligent.

Donc il cherchait d'où lui venait cet énervement, ce besoin de mouvement sans avoir envie de rien, ce désir de rencontrer quelqu'un pour n'être pas du même avis, et aussi ce dégoût pour les gens qu'il pourrait voir et pour les choses qu'ils pourraient lui dire.

Et il se posa cette question : « Serait-ce l'héritage de Jean ? » Oui, c'était possible, après tout.

Quand le notaire avait annoncé cette nouvelle, il avait senti son cœur battre un peu plus fort. Certes, on n'est pas toujours maître de soi, et on subit des émotions spontanées et persistantes, contre lesquelles on lutte en vain.

Il se mit à réfléchir profondément à ce problème physiologique de l'impression produite par un fait sur l'être instinctif et créant en lui un courant d'idées et de sensations douloureuses ou joyeuses, contraires à celles que désire, qu'appelle, que juge bonnes et saines l'être pensant, devenu supérieur à lui-même par la culture de son intelligence.

Il cherchait à concevoir l'état d'âme du fils qui hérite d'une grosse fortune, qui va goûter, grâce à elle, beaucoup de joies désirées depuis longtemps et interdites par l'avarice d'un père, aimé pourtant, et regretté.

Il se leva et se mit à marcher vers le bout de la jetée. Il se sentait mieux, content d'avoir compris, de s'être surpris lui-même, d'avoir dévoilé l'autre qui est en nous.

« Donc j'ai été jaloux de Jean, pensait-il. C'est vraiment assez bas, cela! J'en suis sûr maintenant, car la première idée qui m'est venue est celle de son mariage avec Mme Rosémilly. Je n'aime pourtant pas cette petite dinde raisonnable, bien faite pour dégoûter du bon sens et de la sagesse. C'est donc de la jalousie gratuite, l'essence même de la jalousie, celle qui est parce qu'elle est! Faut soigner cela! »

Il arrivait devant le mât des signaux qui indique la hauteur de l'eau dans le port, et il alluma une allumette pour lire la liste des navires signalés au large et devant entrer à la prochaine marée. On attendait des steamers du Brésil, de La Plata, du Chili et du Japon, deux bricks danois, une goélette norvégienne et un vapeur turc, ce qui surprit Pierre autant que s'il avait lu « un vapeur suisse » ; et il aperçut dans une sorte de songe bizarre un grand vaisseau couvert d'hommes en turban, qui montaient dans les cordages avec de larges pantalons.

« Que c'est bête, pensait-il ; le peuple turc est pourtant un peuple marin. »

Ayant fait encore quelques pas, il s'arrêta pour contempler la rade. Sur sa droite, au-dessus de Sainte-Adresse, les deux phares électriques du cap de la Hève, semblables à deux cyclopes monstrueux et jumeaux, jetaient sur la mer leurs longs et puissants regards. Partis des deux foyers voisins, les deux rayons parallèles, pareils aux queues géantes de deux comètes, descendaient, suivant une pente droite et démesurée, du sommet de la côte au fond de l'horizon. Puis sur les deux jetées, deux autres feux, enfants de ces colosses, indiquaient l'entrée du Havre ; et là-bas, de l'autre côté de la Seine, on en voyait d'autres encore, beaucoup d'autres, fixes ou clignotants, à éclats et à éclipses, s'ouvrant et se fermant comme des yeux, les yeux des ports, jaunes, rouges, verts, guettant la mer obscure couverte de navires, les yeux vivants de la terre hospitalière disant, rien que par le mouvement mécanique invariable et régulier de leurs paupières :

« C'est moi. Je suis Trouville, je suis Honfleur, je suis la rivière de Pont-Audemer. »

Et dominant tous les autres, si haut que, de si loin, on le prenait pour une planète, le phare aérien d'Étouville montrait la route de Rouen, à travers les bancs de sable de l'embouchure du grand fleuve.

Puis sur l'eau profonde, sur l'eau sans limite, plus sombre que le ciel, on croyait voir, çà et là, des étoiles. Elles tremblotaient dans la brume nocturne, petites, proches ou lointaines, blanches, vertes ou rouges aussi. Presque toutes étaient immobiles, quelques-unes, cependant, semblaient courir ; c'étaient les feux des bâtiments à l'ancre attendant la marée prochaine, ou des bâtiments en marche venant chercher un mouillage.

Juste à ce moment la lune se leva derrière la ville ; et elle avait l'air du phare énorme et divin, allumé dans le firmament pour guider la flotte infinie des vraies étoiles.

Pierre murmura, presque à haute voix :

« Voilà, et nous nous faisons de la bile pour quatre sous ! »

Tout près de lui soudain, dans la tranchée large et noire ouverte entre les jetées, une ombre, une grande ombre fantastique, glissa. S'étant penché sur le parapet de granit, il vit une barque de pêche qui rentrait, sans un bruit de voix, sans un bruit de flot, sans un bruit d'aviron, doucement poussée par sa haute voile brune tendue à la brise du large.

Il pensa : « Si on pouvait vivre là-dessus, comme on serait tranquille peut-être ! » Puis ayant fait encore quelques pas, il aperçut un homme assis à l'extrémité du môle.

Un rêveur, un amoureux, un sage, un heureux ou un triste ? Qui était-ce ? Il s'approcha, curieux, pour voir la figure de ce solitaire ; et il reconnut son frère.

« Tiens, c'est toi, Jean ?

– Tiens... Pierre... Qu'est-ce que tu viens faire ici ?

– Mais je prends l'air. Et toi ? »

Jean se mit à rire :

« Je prends l'air également. »

Et Pierre s'assit à côté de son frère.

« Hein, c'est rudement beau ?

– Mais oui. »

Au son de la voix il comprit que Jean n'avait rien regardé ; il reprit :

« Moi, quand je viens ici, j'ai des désirs fous de partir, de m'en aller avec tous ces bateaux, vers le nord ou vers le sud. Songe que ces petits feux, là-bas, arrivent de tous les coins du monde, des pays aux grandes fleurs et aux belles filles pâles ou cuivrées, des pays aux oiseaux-mouches, aux éléphants, aux lions libres, aux rois nègres, de tous les pays qui sont nos contes de fées à nous qui ne croyons plus à la Chatte blanche ni à la Belle au bois dormant. Ce serait rudement chic de pouvoir s'offrir une promenade par là-bas ; mais voilà, il faudrait de l'argent, beaucoup... »

Il se tut brusquement, songeant que son frère l'avait maintenant, cet argent, et que délivré de tout souci, délivré du travail quotidien, libre, sans entraves, heureux, joyeux, il pouvait aller où bon lui semblerait, vers les blondes Suédoises ou les brunes Havanaises.

Puis une de ces pensées involontaires, fréquentes chez lui, si brusques, si rapides qu'il ne pouvait ni les prévoir, ni les arrêter, ni les modifier, venues, semblait-il, d'une seconde âme indépendante et violente, le traversa : « Bah, il est trop niais, il épousera la petite Rosémilly. »

Il s'était levé.

« Je te laisse rêver d'avenir ; moi, j'ai besoin de marcher. »

Il serra la main de son frère, et reprit avec un accent très cordial :

« Eh bien, mon petit Jean, te voilà riche ! Je suis bien content de t'avoir rencontré tout seul ce soir, pour te dire combien cela me fait plaisir, combien je te félicite, et combien je t'aime. »

Jean, d'une nature douce et tendre, très ému, balbutiait :

« Merci... merci... mon bon Pierre, merci. »

Et Pierre s'en retourna de son pas lent, la canne sous le bras, les mains derrière le dos.

Lorsqu'il fut rentré dans la ville, il se demanda de nouveau ce qu'il ferait, mécontent de cette promenade écourtée, d'avoir été privé de la mer par la présence de son frère.

Il eut une inspiration : « Je vais boire un verre de liqueur chez le père Marowsko » ; et il remonta vers le quartier d'Ingouville.

Il avait connu le père Marowsko dans les hôpitaux de Paris. C'était un vieux Polonais, réfugié politique, disait-on, qui avait eu des histoires terribles là-bas, et qui était venu exercer en France, après nouveaux examens, son métier de pharmacien. On ne savait rien de sa vie passée ; aussi des légendes avaient-elles couru parmi les internes, les externes, et plus tard parmi les voisins. Cette réputation de conspirateur redoutable, de nihiliste, de régicide, de patriote prêt à tout, échappé à la mort par miracle, avait séduit l'imagination aventureuse et vive de Pierre Roland : et il était devenu l'ami du vieux Polonais, sans avoir jamais obtenu de lui, d'ailleurs, aucun aveu sur son existence ancienne. C'était encore grâce au jeune médecin que le bonhomme était venu s'établir au Havre, comptant sur une belle clientèle que le docteur lui fournirait.

En attendant il vivait pauvrement dans sa modeste pharmacie, en vendant des remèdes aux petits bourgeois et aux ouvriers de son quartier.

Pierre allait souvent le voir après dîner et causer une heure avec lui, car il aimait la figure calme et la rare conversation de Marowsko, dont il jugeait profonds les longs silences.

Un seul bec de gaz brûlait au-dessus du comptoir chargé de fioles. Ceux de la devanture n'avaient point été allumés, par économie. Derrière ce comptoir, assis sur une chaise et les jambes allongées l'une sur l'autre, un vieux homme chauve, avec un grand nez d'oiseau qui, continuant son front dégarni, lui donnait un air triste de perroquet, dormait profondément, le menton sur la poitrine.

Au bruit du timbre, il s'éveilla, se leva, et reconnaissant le docteur, vint au-devant de lui, les mains tendues.

Sa redingote noire, tigrée de taches d'acides et de sirops, beaucoup trop vaste pour son corps maigre et petit, avait un aspect d'antique soutane ; et l'homme parlait avec un fort accent polonais qui donnait à sa voix fluette quelque chose d'enfantin, un zézaiement et des intonations de jeune être qui commence à prononcer.

Pierre s'assit et Marowsko demanda :

« Quoi de neuf, mon cher Docteur ?

– Rien. Toujours la même chose partout.

– Vous n'avez pas l'air gai, ce soir.

– Je ne le suis pas souvent.

– Allons, allons, il faut secouer tout cela. Voulez-vous un verre de liqueur ?

– Oui, je veux bien.

– Alors je vais vous faire goûter une préparation nouvelle. Voilà deux mois que je cherche à tirer quelque chose de la groseille, dont on n'a fait jusqu'ici que du sirop... eh bien j'ai trouvé... j'ai trouvé... une bonne liqueur, très bonne, très bonne. »

Et, ravi, il alla vers une armoire, l'ouvrit et choisit une fiole qu'il apporta. Il remuait et agissait par gestes courts, jamais complets, jamais il n'allongeait le bras tout à fait, n'ouvrait toutes grandes les jambes, ne faisait un mouvement entier et définitif. Ses idées semblaient pareilles à ses actes ; il les indiquait, les promettait, les esquissait, les suggérait, mais ne les énonçait pas.

Sa plus grande préoccupation dans la vie semblait être d'ailleurs la préparation des sirops et des liqueurs. « Avec un bon sirop ou une bonne liqueur, on fait fortune », disait-il souvent.

Il avait inventé des centaines de préparations sucrées sans parvenir à en lancer une seule. Pierre affirmait que Marowsko le faisait penser à Marat.

Deux petits verres furent pris dans l'arrière-boutique et apportés sur la planche aux préparations ; puis les deux hommes examinèrent en l'élevant vers le gaz la coloration du liquide.

« Joli rubis ! déclara Pierre.

– N'est-ce pas ? »

La vieille tête du Polonais semblait ravie.

Le docteur goûta, savoura, réfléchit, goûta de nouveau, réfléchit encore et se prononça :

« Très bon, très bon, et très neuf comme saveur ; une trouvaille, mon cher!

– Ah! vraiment, je suis bien content. »

Alors Marowsko demanda conseil pour baptiser la liqueur nouvelle ; il voulait l'appeler « essence de groseille », ou bien « fine groseille », ou bien « groselia », ou bien « groséline ».

Pierre n'approuvait aucun de ces noms.

Le vieux eut une idée :

« Ce que vous avez dit tout à l'heure est très bon, très bon : « Joli rubis ».

Le docteur contesta encore la valeur de ce nom, bien qu'il l'eût trouvé, et il conseilla simplement « groseillette », que Marowsko déclara admirable.

Puis ils se turent et demeurèrent assis quelques minutes, sans prononcer un mot, sous l'unique bec de gaz.

Pierre, enfin, presque malgré lui :

« Tiens, il nous est arrivé une chose assez bizarre, ce soir. Un des amis de mon père, en mourant, a laissé sa fortune à mon frère. »

Le pharmacien sembla ne pas comprendre tout de suite, mais, après avoir songé, il espéra que le docteur hériterait par moitié. Quand la chose eût été bien expliquée, il parut surpris et fâché ; et pour exprimer son mécontentement de voir son jeune ami sacrifié, il répéta plusieurs fois :

« Ça ne fera pas un bon effet. »

Pierre, que son énervement reprenait, voulut savoir ce que Marowsko entendait par cette phrase. – Pourquoi cela ne ferait-il pas bon effet? Quel mauvais effet pouvait résulter de ce que son frère héritait la fortune d'un ami de la famille?

Mais le bonhomme circonspect ne s'expliqua pas davantage.

« Dans ce cas-là on laisse aux deux frères également, je vous dis que ça ne fera pas un bon effet. »

Et le docteur, impatienté, s'en alla, rentra dans la maison paternelle et se coucha.

Flâné par les rues

Pendant quelque temps, il entendit Jean qui marchait doucement dans la chambre voisine, puis il s'endormit après avoir bu deux verres d'eau.

. . . .

Il avait flâné sur la jetée aux heures de marée, flâné par les rues, flâné dans les cafés, flâné chez Marowsko, flâné partout. Et voilà que, tout à coup, cette vie, supportée jusqu'ici, lui devenait odieuse, intolérable. S'il avait eu quelque argent, il aurait pris une voiture pour faire une longue promenade dans la campagne, le long des fossés de ferme ombragés de hêtres et d'ormes ; mais il devait compter le prix d'un bock ou d'un timbre-poste, et ces fantaisies-là ne lui étaient point permises. Il songea soudain combien il est dur, à trente ans passés, d'être réduit à demander, en rougissant, un louis à sa mère, de temps en temps ; et il murmura, en grattant la terre du bout de sa canne :

« Cristi ! si j'avais de l'argent ! »

Et la pensée de l'héritage de son frère entra en lui de nouveau, à la façon d'une piqûre de guêpe ; mais il la chassa avec impatience, ne voulant point s'abandonner sur cette pente de jalousie.

Autour de lui des enfants jouaient dans la poussière des chemins. Ils étaient blonds avec de longs cheveux, et ils faisaient, d'un air très sérieux, avec une attention grave, de petites montagnes de sable pour les écraser ensuite d'un coup de pied.

Pierre était dans un de ces jours mornes où on regarde dans tous les coins de son âme, où on en secoue tous les plis.

« Nos besognes ressemblent aux travaux de ces mioches », pensait-il. Puis il se demanda si le plus sage dans la vie n'était pas encore d'engendrer deux ou trois de ces petits êtres inutiles et de les regarder grandir avec complaisance et curiosité. Et le désir du mariage l'effleura. On n'est pas si perdu, n'étant plus seul. On entend au moins remuer quelqu'un près de soi aux heures de trouble et d'incertitude, c'est déjà quelque chose de dire « tu » à une femme, quand on souffre.

Il se mit à songer aux femmes.

Il les connaissait très peu, n'ayant eu au quartier Latin

que des liaisons de quinzaine, rompues quand était mangé l'argent du mois et renouées ou remplacées, le mois suivant. Il devait exister, cependant, des créatures très bonnes, très douces et très consolantes. Sa mère n'avait-elle pas été la raison et le charme du foyer paternel ? Comme il aurait voulu connaître une femme, une vraie femme !

Il se releva tout à coup avec la résolution d'aller faire une petite visite à Mme Rosémilly.

Puis il se rassit brusquement. Elle lui déplaisait, celle-là ! Pourquoi ? Elle avait trop de bon sens vulgaire et bas ; et puis, ne semblait-elle pas lui préférer Jean ? Sans se l'avouer à lui-même d'une façon nette, cette préférence entrait pour beaucoup dans sa mésestime pour l'intelligence de la veuve, car, s'il aimait son frère, il ne pouvait s'abstenir de le juger un peu médiocre et de se croire supérieur.

Il n'allait pourtant point rester là jusqu'à la nuit ; et, comme la veille au soir, il se demanda anxieusement : « Que vais-je faire ? »

Il se sentait maintenant à l'âme un besoin de s'attendrir, d'être embrassé et consolé. Consolé de quoi ? Il ne l'aurait su dire, mais il était dans une de ces heures de faiblesse et de lassitude où la présence d'une femme, la caresse d'une femme, le toucher d'une main, le frôlement d'une robe, un doux regard noir ou bleu semblent indispensables, et tout de suite, à notre cœur.

Et le souvenir lui vint d'une petite bonne de brasserie ramenée un soir chez elle et revue de temps en temps.

Il se leva donc de nouveau pour aller boire un bock avec cette fille. Que lui dirait-il ? Que lui dirait-elle ? Rien, sans doute. Qu'importe ? il lui tiendrait la main quelques secondes ! Elle semblait avoir du goût pour lui. Pourquoi donc ne la voyait-il pas plus souvent ?

Il la trouva sommeillant sur une chaise dans une salle de brasserie presque vide. Trois buveurs fumaient leurs pipes, accoudés aux tables de chêne, la caissière lisait un roman, tandis que le patron, en manches de chemise, dormait tout à fait sur la banquette.

Dès qu'elle l'aperçut, la fille se leva vivement et, venant à lui :

« Bonjour, comment allez-vous ?

– Pas mal, et toi ?

– Moi, très bien. Comme vous êtes rare ?

– Oui, j'ai très peu de temps à moi. Tu sais que je suis médecin.

– Tiens, vous ne me l'aviez pas dit. Si j'avais su, j'ai été souffrante la semaine dernière, je vous aurais consulté. Qu'est-ce que vous prenez ?

– Un bock, et toi ?

– Moi, un bock aussi, puisque tu me le payes. »

Et elle continua à le tutoyer comme si l'offre de cette consommation en avait été la permission tacite. Alors, assis face à face, ils causèrent. De temps en temps elle lui prenait la main avec cette familiarité facile des filles dont la caresse est à vendre, et le regardant avec des yeux engageants elle lui disait :

« Pourquoi ne viens-tu pas plus souvent ? Tu me plais beaucoup, mon chéri. »

Mais déjà il se dégoûtait d'elle, la voyait bête, commune, sentant le peuple. Les femmes, se disait-il, doivent nous apparaître dans un rêve ou dans une auréole de luxe qui poétise leur vulgarité.

Elle lui demandait :

« Tu es passé l'autre matin avec un beau blond à grande barbe, est-ce ton frère ?

– Oui, c'est mon frère.

– Il est rudement joli garçon.

– Tu trouves ?

– Mais oui, et puis il a l'air d'un bon vivant. »

Quel étrange besoin le poussa tout à coup à raconter à cette servante de brasserie l'héritage de Jean ? Pourquoi cette idée, qu'il rejetait de lui lorsqu'il se trouvait seul, qu'il repoussait par crainte du trouble apporté dans son âme, lui vint-elle aux lèvres en cet instant, et pourquoi la laissa-t-il couler, comme s'il eût eu besoin de vider de nouveau devant quelqu'un son cœur gonflé d'amertume ?

Il dit en croisant les jambes :

« Il a joliment de la chance, mon frère, il vient d'hériter de vingt mille francs de rente. »

Elle ouvrit tout grands ses yeux bleus et cupides :

« Oh ! et qui est-ce qui lui a laissé cela, sa grand-mère ou bien sa tante ?

– Non, un vieil ami de mes parents.

– Rien qu'un ami ? Pas possible ! Et il ne t'a rien laissé, à toi ?

– Non. Moi je le connaissais très peu. »

Elle réfléchit quelques instants, puis, avec un sourire drôle sur les lèvres :

« Eh bien ! il a de la chance ton frère d'avoir des amis de cette espèce-là ! Vrai, ça n'est pas étonnant qu'il te ressemble si peu ! »

Il eut envie de la gifler sans savoir au juste pourquoi, et il demanda, la bouche crispée :

« Qu'est-ce que tu entends par là ? »

Elle avait pris un air bête et naïf :

« Moi, rien. Je veux dire qu'il a plus de chance que toi. »

Il jeta vingt sous sur la table et sortit.

Maintenant il se répétait cette phrase : « Ça n'est pas étonnant qu'il te ressemble si peu. »

Qu'avait-elle pensé, qu'avait-elle sous-entendu dans ces mots ? Certes il y avait là une malice, une méchanceté, une infamie. Oui, cette fille avait dû croire que Jean était le fils de Maréchal.

L'émotion qu'il ressentit à l'idée de ce soupçon jeté sur sa mère fut si violente, qu'il s'arrêta et qu'il chercha de l'œil un endroit pour s'asseoir.

Un autre café se trouvait en face de lui, il y entra, prit une chaise, et comme le garçon se présentait :

« Un bock », dit-il.

Il sentait battre son cœur ; des frissons lui couraient sur la peau. Et tout à coup le souvenir lui vint de ce que lui avait dit Marowsko la veille : « Ça ne fera pas un bon effet. » Avait-il eu la même pensée, le même soupçon que cette drôlesse ?

La tête penchée sur son bock, il regardait la mousse blanche pétiller et fondre, et il se demandait : « Est-ce possible qu'on croie une chose pareille ? » [412]

Le coupé de Michèle de Burne

Prise de conscience de Michèle de Burne

Le coupé de Mme de Burne roulait au grand trot des deux chevaux sur le pavé de la rue de Grenelle. La grêle d'une dernière giboulée, car on était aux premiers jours d'avril, battait avec bruit la vitre de la voiture et rebondissait sur la chaussée déjà sablée de grains blancs. Les passants, sous leurs parapluies, se hâtaient, la nuque cachée dans le col relevé des pardessus. Après deux semaines de beau temps, un odieux froid de fin d'hiver glaçait de nouveau et gerçait la peau.

Les pieds sur une boule d'eau brûlante, le corps enveloppé en une fourrure dont la caresse velue et fine, immobile et douce, la réchauffait à travers sa robe, et plaisait délicieusement à sa peau craintive des contacts, la jeune femme songeait péniblement que, dans une heure au plus, il lui faudrait prendre un fiacre pour rejoindre Mariolle à Auteuil.

Un vif désir d'envoyer un télégramme l'obsédait, mais elle s'était promis depuis plus de deux mois déjà d'agir ainsi avec lui le plus rarement possible, car elle venait de faire un grand effort pour l'aimer de la même façon qu'elle était aimée.

En le voyant souffrir tant, elle s'était apitoyée, et, après la conversation où elle lui baisa les yeux dans un élan vrai d'attendrissement, sa sincère affection pour lui devint en effet pendant quelque temps plus chaude et plus expansive.

Elle s'était demandé, surprise de sa froideur involontaire, pourquoi elle ne l'aimerait pas à la fin comme tant de femmes aiment leurs amants, puisqu'elle se sentait profondément attachée à lui, puisqu'il lui plaisait plus que tous les autres hommes.

Cette nonchalance de sa tendresse ne pouvait provenir que d'une paresse du cœur, qu'on pouvait peut-être dompter, comme toutes les paresses.

Elle essaya. Elle tenta de s'exalter en pensant à lui, de s'émouvoir aux jours de rendez-vous. Elle y parvint en vérité quelquefois, comme on se fait peur, la nuit, en songeant aux voleurs et aux apparitions.

Elle s'efforça même, s'animant un peu à ce jeu de la passion, d'être plus caressante, plus enlaçante. Elle y réussit d'abord assez bien, et l'affola d'ivresse.

Alors elle crut à l'éclosion en elle d'une fièvre un peu semblable à celle dont elle le sentait brûlé. Son ancien espoir intermittent d'amour, entrevu réalisable le soir où elle s'était décidée à se donner, en rêvant sous les brumes laiteuses de la nuit devant la baie du Saint-Michel, renaquit, moins séduisant, moins enveloppé de nuées poétiques et d'idéal, mais plus précis, plus humain, dégagé d'illusions après l'épreuve de la liaison.

Elle avait appelé alors et épié en vain ces grands élans de l'être entier vers un autre être, nés, dit-on, lorsque les corps entraînés par l'émotion des âmes se sont unis. Ces élans n'étaient point venus.

Elle s'obstina cependant à simuler l'entraînement, à multiplier les rendez-vous, à lui dire : « Je sens que je vous aime de plus en plus. » Mais une fatigue l'envahissait, et une impuissance de se tromper et de le tromper plus longtemps. Elle constatait avec étonnement que les baisers reçus de lui l'importunaient à la longue, bien qu'elle n'y fût point tout à fait insensible. Elle constatait cela par la vague lassitude répandue en elle dès le matin des jours où elle devait le rejoindre. Pourquoi donc, ces matins-là, ne sentait-elle pas au contraire, comme tant d'autres femmes, sa chair émue par l'attente troublante et désirée des étreintes ? Elle les subissait, les acceptait, tendrement résignée, puis vaincue, brutalement conquise, et vibrante malgré elle, mais jamais entraînée. Est-ce que sa chair si fine, si délicate, si exceptionnellement aristocrate et raffinée, gardait des pudeurs inconnues, des pudeurs d'animal supérieur et sacré, ignorées encore de son âme si moderne ?

Mariolle comprit peu à peu. Il vit décroître cette ardeur factice. Il devina cette tentative dévouée ; et un mortel, un inconsolable chagrin se glissa dans son âme.

Elle savait maintenant, comme lui, que l'épreuve était faite, et tout espoir perdu. Voilà même qu'aujourd'hui, chaudement serrée en sa fourrure, les pieds sur la bouillotte, frissonnante de bien-être en regardant la grêle fouetter les vitres du coupé, elle ne trouvait plus en elle le courage de sortir de cette tiédeur et de monter dans un fiacre glacé pour aller rejoindre le pauvre garçon.

Certes l'idée de se reprendre, de rompre, de se dérober aux caresses, ne l'effleura pas un moment. Elle savait bien que, pour captiver entièrement un homme épris et le garder pour soi seule, au milieu des rivalités féminines, il faut se donner à lui, il faut le tenir par cette chaîne que le corps attache au corps. Elle savait cela, car cela est fatal, logique, indiscutable. Il est même loyal d'agir ainsi, et elle voulait rester loyale avec lui en toute sa probité de maîtresse. Donc elle se donnerait encore, elle se donnerait toujours ; mais pourquoi si souvent ? Leurs rendez-vous mêmes ne prendraient-ils pas pour lui un charme plus grand, un attrait de renouveau à être espacés comme d'inappréciables et rares bonheurs offerts par elle et qu'il ne fallait point prodiguer ?

En chacune de ses courses à Auteuil, elle avait l'impression de lui porter la plus précieuse des offrandes, un inestimable cadeau. Quand on donne ainsi, la joie de donner est inséparable d'une certaine sensation de sacrifice : ce n'est point l'ivresse d'être prise, c'est l'orgueil d'être généreuse et le contentement de rendre heureux.

Elle calcula même que l'amour d'André avait plus de chances d'être durable si elle se refusait un peu plus à lui, car toute faim augmente par le jeûne, et le désir sensuel n'est qu'un appétit. Dès que cette résolution fut prise, elle décida qu'elle irait à Auteuil le jour même, mais simulerait un malaise. Ce voyage, qui lui semblait, une minute plus tôt, si pénible par ce temps de giboulées, lui parut aisé tout à coup ; et elle comprit, souriant d'elle-même et de cette évolution subite, pourquoi elle avait tant de peine à supporter une chose pourtant si normale. Tout à l'heure, elle ne voulait point, maintenant elle voulait bien. Elle ne voulait point tout à l'heure, car elle passait à l'avance par les mille petits détails énervants du rendez-vous ! Elle se piquait les doigts aux épingles d'acier, qu'elle maniait mal ; elle ne retrouvait plus rien de ce qu'elle avait jeté à travers la chambre en se dévêtant hâtivement, préoccupée déjà par cette corvée odieuse de se rhabiller toute seule.

Elle s'arrêta sur cette pensée, la fouillant, la pénétrant bien pour la première fois. N'était-ce pas un peu vulgaire, un peu répugnant tout de même, cet amour à heure fixe, prévu la veille ou l'avant-veille, comme un rendez-vous d'affaires ou une consultation de médecin ? Après un long tête-à-tête inattendu, libre et grisant, rien de plus naturel que le baiser jailli des lèvres, unissant deux bouches qui se sont charmées, qui se sont appelées, qui se sont séduites par de tendres et chaudes paroles. Mais comme cela était différent du baiser sans surprise, annoncé d'avance, qu'elle allait recevoir une fois par semaine, sa montre à la main. C'était si vrai que, par moments, elle avait senti s'éveiller en elle, aux jours où elle ne devait pas voir André, de vagues envies de le rejoindre, tandis que ce désir n'apparaissait qu'à peine quand elle allait à lui avec des ruses de voleur traqué, des contremarches suspectes, des fiacres malpropres, le cœur distrait de lui par toutes ces choses.

Ah! l'heure d'Auteuil! elle l'avait calculée sur toutes les pendules de toutes ses amies ; elles l'avait vue approcher, minute par minute, chez Mme de Frémines, chez la marquise de Bratiane, chez la belle Mme Le Prieur, quand elle usait ses après-midi d'attente à travers Paris, pour ne pas rester chez elle, où une visite imprévue, un obstacle inattendu aurait pu l'immobiliser.

Elle se dit tout à coup : « Aujourd'hui, jour de chômage, j'irai très tard pour ne pas trop l'énerver. » Alors elle ouvrit, sur le devant du coupé, une sorte de petit placard invisible, caché sous la soie noire, dont la voiture, vrai boudoir de jeune femme, était capitonnée. Dès que les deux portes mignonnes de cette cachette se furent rabattues sur les côtés, apparut une glace à charnières qu'elle fit glisser, en l'élevant à la hauteur de son visage. Derrière cette glace s'alignaient en des niches de satin quelques petits objets en argent : une boîte pour la poudre de riz, un crayon pour les lèvres, deux flacons à parfums, un encrier, un porte-plume, des ciseaux, un mignon couteau à papier pour couper le livre, le dernier roman qu'on lisait en route. Une exquise pendule, grande et ronde comme une noix d'or, était fixée dans l'étoffe : elle marquait quatre heures.

Mme de Burne pensa : « J'ai encore une heure au moins », et elle toucha un ressort, qui fit prendre au valet de pied, assis à côté du cocher, le tube acoustique pour recevoir l'ordre.

Elle attira l'autre bout, dissimulé dans la tenture, et,

approchant ses lèvres du petit porte-voix taillé dans un cristal de roche :

« A l'ambassade d'Autriche, dit-elle. »

Puis elle se regarda dans la glace. Elle se regarda, comme elle se regardait toujours, avec ce contentement qu'on éprouve en rencontrant la personne la plus aimée, puis elle entrouvrit sa fourrure pour juger de nouveau le corsage de sa robe. C'était une toilette frileuse de fin d'hiver. Le col était garni d'un cordon de très fines plumes blanches, luisantes à force d'être claires. Elles s'étendaient un peu sur les épaules, en passant au gris léger comme sur une aile. Toute la taille aussi était enlacée par une bordure de ce duvet qui donnait à la jeune femme un air bizarre d'oiseau sauvage. Sur son chapeau, une espèce de toque, d'autres plumes se dressaient, aigrette hardie de couleurs plus vives, et sa si jolie figure blonde semblait parée ainsi pour s'envoler avec les sarcelles, par le ciel gris, sous la grêle.

Elle se contemplait encore quand la voiture tourna brusquement sous la grande porte de l'Ambassade. Alors elle recroisa sa fourrure, abaissa la glace, referma les petites portes du placard, et, quand le coupé se fut arrêté, elle dit d'abord à son cocher :

« Retournez à la maison ; je n'ai plus besoin de vous. »

Puis elle demanda au valet de pied qui s'avançait sur les marches du perron :

« La princesse est-elle chez elle ?

– Oui, Madame [413]. »

MAUPASSANT VOYAGEUR

Maupassant s'est déplacé sans cesse. Outre sa Normandie natale, il a parcouru la Bretagne, l'Auvergne, le littoral français de la Méditerranée, la Corse, l'Italie, la Sicile, l'Algérie, la Tunisie. Par ces voyages continuels, il souhaite, d'une part, enrichir d'images piquantes la matière des récits qu'il médite, et, d'autre part, échapper aux pointures de la captieuse anxiété que lui donne sa condition précaire de malade frustré. Imprégnant d'amertume mélancolique les sites qu'il admire, il rivalise avec Heinrich Heine pour la perfection mélancolique de ses Reisebilder. *Mais ses psychoses n'oblitèrent pas toujours sa générosité innée. Il s'intéresse pour les malheurs des peuples dont il observe les mœurs et dénonce, par exemple, avec autant d'intelligence que de courage, les rapaces excès des colons algériens.*

Trop classique de tendances pour se complaire dans la description brute de paysages minéraux ou végétaux, il aime surtout esquisser, à larges coups de pinceau, les portraits des individus, vivants ou défunts, dont les particularités le séduisent. Rédigeant ses nouvelles et ses romans avec un soin souvent excessif, lorsqu'il relate, en revanche, les épisodes de ses pérégrinations, il ne craint pas de s'abandonner aux apparentes facilités d'un langage presque oral. Ainsi pense-t-il restituer, dans leur naissante intégrité, les impressions qu'il a ressenties.

Le texte que l'on trouvera ci-après permet d'apercevoir quel édifiant agrément la religiosité instinctive et féminine de Maupassant trouve dans une certaine participation aux rites de la piété des indigènes algériens. Il se félicite que cette dernière tantôt se réfère à un Dieu transcendant, tantôt se plaise à submerger d'offrandes et d'oraisons les reliques d'un saint miraculeux.

Mosquées d'Alger

J'entre dans la mosquée après m'être déchaussé et je m'avance sur les tapis au milieu des colonnes claires dont les lignes régulières emplissent ce temple silencieux, vaste et bas, d'une foule de larges piliers. Car ils sont très larges, ayant une face orientée vers La Mecque, afin que chaque croyant puisse, en se plaçant devant, ne rien voir, n'être distrait par rien, et, tourné vers la ville sainte, s'absorber dans la prière.

En voici qui se prosternent ; d'autres, debout, murmurent les formules du Coran dans les postures prescrites, d'autres encore, libres de ces devoirs accomplis, causent assis par terre, le long des murs, car la mosquée n'est pas seulement un lieu de prière, c'est aussi un lieu de repos, où l'on séjourne, où l'on vit des jours entiers.

Tout est simple, tout est nu, tout est blanc, tout est doux, tout est paisible en ces asiles de foi, si différents de nos églises décoratives, agitées, quand elles sont pleines, par le bruit des offices, le mouvement des assistants, la pompe des cérémonies, les chants sacrés, et, quand elles sont vides, devenues si tristes, si douloureuses qu'elles serrent le cœur, qu'elles ont l'air d'une chambre de mourant, de la froide chambre de pierre où le Crucifié agonise encore.

Sans cesse, les Arabes entrent, des humbles, des riches, le portefaix du port et l'ancien chef, le noble sous la blancheur soyeuse de son burnous éclatant. Tous, pieds nus, font les mêmes gestes, prient le même Dieu avec la même foi exaltée et simple, sans pose et sans distraction. Ils se tiennent d'abord debout, la face levée, les mains ouvertes à la hauteur des épaules, dans l'attitude de la supplication. Puis les bras tombent le long du corps, la tête s'incline ; ils sont devant le souverain du monde dans l'attitude de la résignation. Les mains ensuite s'unissent sur le ventre, comme si elles étaient liées. Ce sont des captifs sous la volonté du maître. Enfin ils se prosternent plusieurs fois de suite, très vite, sans aucun bruit. Après s'être assis d'abord sur leurs talons, les mains ouvertes sur les cuisses, ils se penchent en avant jusqu'à toucher le sol avec le front.

Cette prière, toujours la même, et qui commence par la récitation des premiers versets du Coran, doit être répétée cinq fois par jour par les fidèles, qui, avant d'entrer, se sont lavé les pieds, les mains et la face.

On n'entend, par le temple muet, que le clapotement de l'eau coulant dans une autre cour intérieure, qui donne du jour à la mosquée. L'ombre du figuier, poussé au-dessus de la fontaine aux ablutions, jette un reflet vert sur les premières nattes.

Les femmes musulmanes peuvent entrer comme les hommes, mais elles ne viennent presque jamais. Dieu est trop loin, trop haut, trop imposant pour elles. On n'oserait pas lui raconter tous les soucis, lui confier toutes les peines, lui demander tous les menus services, les menues consolations, les menus secours contre la famille, contre le mari, contre les enfants, dont ont besoin les cœurs de femmes. Il faut un intermédiaire plus humble entre lui si grand et elles si petites.

Cet intermédiaire, c'est le marabout. Dans la religion catholique n'avons-nous pas les saints et la Vierge Marie, avocats naturels des timides auprès de Dieu ?

C'est donc au tombeau du saint, dans la petite chapelle où il est enseveli, que nous trouverons la femme arabe en prière.

Allons l'y voir.

La zaouia Abd-er-Rahman-el-Tcalbi est la plus originale et la plus intéressante d'Alger. On nomme « zaouia » une petite mosquée unie à une koubba (tombeau d'un marabout), et comprenant aussi parfois une école et un cours de haut enseignement pour les musulmans lettrés.

Pour atteindre la zaouia d'Abd-er-Rahman, il faut traverser la ville arabe. C'est une montée inimaginable à travers un labyrinthe de ruelles, emmêlées, tortueuses, entre les murs sans fenêtres des maisons mauresques. Elles se touchent presque à leur sommet, et le ciel, aperçu entre les terrasses, semble une arabesque bleue d'une irrégulière et bizarre fantaisie. Quelquefois, un long couloir sinueux et voûté, escarpé comme un sentier de montagne, paraît conduire directement dans l'azur dont on aperçoit soudain, au détour d'un mur, au bout des marches, là-haut, la tache éclatante, pleine de lumière.

Tout le long de ces étroits corridors sont accroupis, au pied des maisons, des Arabes, qui sommeillent en leurs loques ; d'autres, entassés dans les cafés maures, sur des banquettes circulaires ou par terre, toujours immobiles, boivent en de petites tasses de faïence qu'ils tiennent gravement entre leurs doigts. En ces rues étroites qu'il faut escalader, le soleil, tombant par surprises, par filets ou par grandes plaques à chaque cassure des voies entrecroisées, jette sur les murs des dessins inattendus, d'une clarté aveuglante et vernie. On aperçoit, par les portes entrouvertes, les cours intérieures qui soufflent de l'air frais. C'est toujours le même puits carré qu'enferme une colonnade supportant des galeries. Un bruit de musique douce et sauvage s'échappe parfois de ces demeures, dont on voit sortir aussi souvent, deux par deux, des femmes. Elles vous jettent, entre les voiles qui leur couvrent la face, un regard noir et triste, un regard de prisonnières, et passent.

Coiffées toutes comme on nous représente la Vierge Marie, d'une étoffe serrée sur le crâne, le torse enveloppé du haïk, les jambes cachées sous l'ample pantalon de toile ou de calicot, qui vient étreindre la cheville, elles marchent lentement, un peu gauches, hésitantes ; et on cherche à deviner leur figure sous le voile qui la dessine un peu en se collant sur les saillies. Les deux arcs bleuâtres des sourcils, joints par un trait d'antimoine, se prolongent, au loin, sur les tempes.

Soudain des voix m'appellent. Je me retourne, et par une porte ouverte j'aperçois, sur les murs, de grandes peintures inconvenantes comme on en retrouve à Pompéi. La liberté des mœurs, l'épanouissement, en pleine rue, d'une prostitution innombrable, joyeuse, naïvement hardie, révèlent tout de suite la différence profonde qui existe entre la pudeur européenne et l'inconscience orientale.

N'oublions pas qu'on a interdit dans ces mêmes rues, depuis peu d'années seulement, les représentations de Caragousse, sorte de Guignol obscène et monstrueux, dont les enfants regardaient de leurs grands yeux noirs, ignorants et corrompus, en riant et en applaudissant, les invraisemblables, ignobles et inénarrables exploits.

Par tout le haut de la ville arabe, entre les merceries, les épiceries et les fruiteries des incorruptibles M'zabites, puritains mahométans que souille le seul contact des autres hommes, et qui subiront, en rentrant dans leur patrie, une longue purification, s'ouvrent tout grands des débits de chair humaine, où l'on est appelé dans toutes les langues. Le M'zabite accroupi dans sa petite boutique, au milieu de ses marchandises bien rangées autour de lui, semble ne pas voir, ne pas savoir, ne pas comprendre.

A sa droite, les femmes espagnoles roucoulent comme des tourterelles ; à sa gauche, les femmes arabes miaulent comme des chattes. Il a l'air, au milieu d'elles, entre les nudités impudiques peintes pour achalander les deux bouges, d'un fakir, vendeur de fruits, hypnotisé dans un rêve.

Je tourne à droite par un tout petit passage qui semble tomber dans la mer, étalée au loin, derrière la pointe de Saint-Eugène, et j'aperçois, au bout de ce tunnel, à quelques mètres sous moi, un bijou de mosquée, ou plutôt une toute mignonne zaouia qui s'égrène par petits bâtiments et par petits tombeaux carrés, ronds et pointus, le long d'un escalier allant en zigzag de terrasse en terrasse.

L'entrée en est masquée par un mur qu'on dirait bâti en neige argentée, encadré de carrelages en faïence verte, et percé d'ouvertures régulières par où l'on voit la rade d'Alger.

J'entre. Des mendiants, des vieillards, des enfants, des femmes sont accroupis, sur chaque marche, la main tendue, et demandant l'aumône en arabe. A droite, dans une petite construction couronnée aussi de faïences, est une première sépulture, et l'on aperçoit, par la porte ouverte, des fidèles, assis devant le tombeau. Plus bas s'arrondit le dôme éclatant de la koubba du marabout Abd-er-Rahman, à côté du minaret mince et carré d'où l'on appelle à la prière.

Voici, tout le long de la descente, d'autres tombes plus humbles, puis celle du célèbre Ahmed, bey de Constantine, qui fit dévorer par des chiens le ventre des prisonniers français.

De la dernière terrasse à l'entrée du marabout, la vue est délicieuse. Notre-Dame d'Afrique, au loin, domine Saint-Eugène et toute la mer, qui s'en va jusqu'à l'horizon, où elle se mêle au ciel. Puis, plus près, à droite, c'est la ville arabe, montant, de toit en toit, jusqu'à la zaouia et étageant encore, au-dessus, ses petites maisons de craie. Autour de moi, des tombes, un cyprès, un figuier, et des ornements mauresques encadrant et crénelant tous les murs sacrés.

Après m'être déchaussé, je pénètre dans la koubba. D'abord, dans une pièce étroite, un savant musulman, assis sur ses talons, lit un manuscrit qu'il tient de ses deux mains, à la hauteur des yeux. Des livres, des parchemins sont étalés autour de lui sur les nattes. Il ne tourne pas la tête.

Plus loin, j'entends un frémissement, un chuchotement. A mon approche, toutes les femmes accroupies autour du tombeau se couvrent la figure avec vivacité. Elles ont l'air de gros flocons de linge blanc où brillent des yeux. Au milieu d'elles, dans cette écume de flanelle, de soie, de laine et de toile, des enfants dorment ou s'agitent, vêtus de rouge, de bleu, de vert : c'est charmant et naïf. Elles sont chez elles, chez leur saint, dont elles ont paré la demeure, – car Dieu est trop loin pour leur esprit borné, trop grand pour leur humilité.

Elles ne se tournent pas vers La Mecque, elles, mais vers le corps du marabout, et elles se mettent sous sa protection directe, qui est encore, qui est toujours la protection de l'homme. Leurs yeux de femmes, leurs yeux doux et tristes, soulignés par deux bandeaux blancs, ne savent pas voir l'immatériel, ne connaissent que la créature. C'est le mâle qui, vivant, les nourrit, les défend, les soutient ; c'est encore le mâle qui parlera d'elles à Dieu, après sa mort. Elles sont là tout près de la tombe parée et peinturlurée, un peu semblable à un lit breton mis en couleur et couvert d'étoffes, de soieries, de drapeaux, de cadeaux apportés.

Elles chuchotent, elles causent entre elles, et racontent au marabout leurs affaires, leurs soucis, leurs disputes, les griefs contre le mari. C'est une réunion intime et familière de bavardages autour d'une relique.

Toute la chapelle est pleine de leurs dons bizarres : de pendules de toutes grandeurs qui marchent, battent les secondes et sonnent les heures, de bannières votives, de lustres de toute sorte, en cuivre et en cristal. Ces lustres sont si nombreux qu'on ne voit plus le plafond. Ils pendent côte à côte, de tailles différentes comme dans la boutique d'un lampiste. Les murs sont décorés de faïences élégantes d'un dessin charmant, dont les couleurs dominantes sont toujours le vert et le rouge. Le sol est couvert de tapis et le jour tombe de la coupole par des groupes de trois fenêtres cintrées, dont une domine les deux autres.

Ce n'est plus la mosquée sévère, nue, où Dieu est seul : c'est un boudoir, orné pour la prière par le goût enfantin de femmes sauvages. Souvent des galants viennent les voir en ce lieu, leur donner rendez-vous, leur dire quelques mots en secret. Des Européens, qui parlent l'arabe, nouent ici, parfois, des relations avec ces créatures enveloppées et lentes, dont on ne voit que le regard.

Lorsque la confrérie masculine du marabout vient à son tour faire ses dévotions, elle n'a point pour le saint habitant du lieu les mêmes attentions exclusives. Après avoir témoigné leur respect au sépulcre, les hommes se tournent vers La Mecque et adorent Dieu – car il n'y a de divinité que Dieu – comme ils répètent en toutes leurs prières [414].

Chef d'Orchestre.
Grand

Notes

« *Une vie* » *d'A. Astruc.*

SIGLES

A. : A. Artinian et E. Maynial : *Guy de Maupassant, Correspondance inédite*, Paris, Wapler, 1951.

C. : *Chroniques, études, correspondance de Guy de Maupassant*, recueillies, préfacées et annotées par René Dumesnil, avec la collaboration de Jean Loize. Paris, Gründ, 1938.

Conard : Guy de Maupassant, *Œuvres complètes*, Paris, Conard, 1907-1910 (29 volumes).

CN. : Guy de Maupassant, *Contes et nouvelles*, textes présentés, corrigés, classés et augmentés de pages inédites par Albert-Marie Schmidt, avec la collaboration de Gérard Delaisement, Paris, Albin Michel, tome I, 1956, Tome II, 1957.

G. : Edmond et Jules de Goncourt : *Journal*, texte intégral établi et annoté par Robert Ricatte, Paris, Fasquelle et Flammarion (4 volumes).

R. : Guy de Maupassant : *Romans*, texte définitif établi et augmenté de notices introductives par Albert-Marie Schmidt. Paris, Albin Michel, 1959.

T. : F. Tassart : *Souvenirs sur Guy de Maupassant par François, son valet de chambre*, Paris, Plon, 1911.

1 T. p. 262.
2 A. p. 17, *A sa mère*, 30 octobre 1874.
3 C. p. 430, *Laure de Maupassant à Flaubert*, 16 mars 1866.
4 CN. II. pp. 895 sqq, *Garçon, un bock !*
5 C. p. 430, *Laure de Maupassant à Flaubert*, 16 mars 1866.
6 T. p. 258.
7 CN. I. pp. 582 sqq, *Une soirée.*
8 CN. II. pp. 14 sqq, *Une surprise.*
9 *Ibid.* p.15.
10 C. p. 427.
11 Conard XXIV, p. 34, *la Vie errante.*
12 A. p. 58, *A Louis Le Poittevin*, avril 1868.
13 CN. II. p. 15, *Une surprise.*
14 A. Lumbroso : *Souvenirs sur Maupassant*, Rome, Bocca, 1905, p. 144.
15 T. p. 245.
16 A. p. 58, *A Louis Le Poittevin*, avril 1868.
17 C. p. 196, *A sa mère*, 2 mai 1864.
18 CN. I. p. 945, *Adieu.*
19 R. p. 27, *Une Vie.*
20 R. p. 627, *Mont-Oriol.*
21 R. p. 1362, *Notre cœur.*
22 CN. I. p. 1038, *Imprudence.*
23 CN. I. pp. 1133, 1134, 1143, 1144, *Un soir.*
24 T. p. 13.
25 R. p. 1156. *Fort comme la mort.*
26 *Ibid.* p. 1157.
27 C. p. 430, *Laure de Maupassant à Gustave Flaubert*, 16 mars 1866.
28 C. p. 195, *A sa mère*, 2 mai 1864.
29 C. p. 224, *A Paul Alexis*, 17 janvier 1877.
30 C. p. 25, *Étretat.*
31 C. *Id.*
32 G. II. p. 1046, 28 février 1875.
33 C. p. 184, *Notes sur Algernon-Charles Swinburne.*
34 *Id.* p. 185.
35 Conard XX. pp. 260-261, *l'Anglais d'Étretat.*

-ami » de J. Daquin.

36 C. p. 185, *Swinburne.*
37 G. II. p. 1045, 28 février 1875.
38 *Ibid.* p. 1046.
39 G. LAFOURCADE : *la Jeunesse de Swinburne.* T. I. p. 179. Strasbourg. Faculté des Lettres. 1928.
40 Conard XX, p. 261, *l'Anglais d'Étretat.*
41 C. p. 185, *Swinburne.*
42 G. II. p. 1045.
43 T. pp. 38-39.
44 CN. II. p. 759, *la Main d'écorché.*
45 CN. II. p. 891, *la Main.*
46 GÉRARD DE NERVAL : *La Main enchantée,* Paris, Carteret, 1901.
47 G. IV, pp. 27-28, 1er février 1891.
48 C. p. 241. *A Gustave Flaubert,* 5 juillet 1878.
49 G. NORMANDY : *la Vie anecdotique et pittoresque des grands écrivains, Maupassant,* Paris, Rasmussen, 1926, p. 103.
50 C. p. 203, *A sa mère,* 1874.
51 CN. II, p. 1015, *Fou.*
52 CN. II. p. 1150, *Moiron.*
53 CN. II. p. 378, *l'Ane.*
54 CN. II. p. 1025, *la Petite Roque.*
55 CN. II. p. 387, *le Mal d'André.*
56 CN. I. pp. 788-789, *Marroca.*
57 *Ibid.* p. 789.
58 *Ibid.* p. 794.
59 CN. I. p. 625, *les Caresses.*
60 CN. I. p. 1209, *les Tombales.*
61 *Ibid.* p. 1212.
62 CN. II. p. 1136, *la Morte.*
63 CN. II. pp. 968-969, *la Tombe.*
64 CN. I, p. 986, *la Chambre 11.*
65 Conard XXIV p. 73, *la Vie errante.*
66 *Ibid.* p. 76.
67 CN. I. p. 566, *la Question du latin.*
68 R. pp. 839 sqq, préface de *Pierre et Jean.*
69 C. p. 142, *Souvenirs sur Louis Bouilhet.*
70 T. p. 108.
71 C. p. 429, *Caroline Flaubert à Laure de Maupassant.*
72 C. p. 196, *A sa mère,* 1870.
73 *Ibid.* p. 198.
74 CN. II. p. 177. *Un coup d'état.*
75 *Ibid.* p. 186.
76 CN. II. p. 1012, *Fou.*
77 Conard XXI. p. 55, *Sur l'eau.*
78 *Ibid.* pp. 58-59.
79 CN. II. p. 164, *Mademoiselle Fifi.*
80 CN. II. p. 198, *Saint Antoine.*
81 CN. II. pp. 211 sqq, *le Père Milon.*
82 CN. II. pp. 232 sqq, *la Mère Sauvage.*
83 CN. II. p. 265, *le Lit 29.*
84 C. p. 210. *A sa mère,* 3 septembre 1875.
85 C. p. 213, *A sa mère,* 6 octobre 1875.
86 C. p. 241, *A Flaubert,* 5 juillet 1878.
87 C. p. 245, *A Flaubert,* septembre 1878.
88 C. p. 250, *A Flaubert,* 20 novembre. 1878.
89 C. p. 253, *A Flaubert,* 7 décembre 1878.
90 C. p. 258, *A Flaubert,* 26 décembre 1878.
91 C. p. 266, *A Flaubert,* 24 avril 1879.
92 C. p. 211, *A sa mère,* 20 septembre 1875.
93 *Ibid.* p. 212.
94 C. p. 208, *A sa mère,* 29 juillet 1875.
95 C. p. 200, *A Léon Fontaine,* 28 août 1873.
96 M. CATINAT : *les Bords de la Seine,* Chatou, 1952, p. 52.
97 C. p. 244, *A Georges Charpentier,* 28 août 1878.
98 C. p. 208, *A sa mère,* 29 juillet 1875.
99 C. p. 200, *A Léon Fontaine,* 28 août 1873.
100 CN. I. p. 1338, *Mouche.*
101 CN. I. pp. 186 sqq, *Petit Soldat.*
102 CN. I. p. 378, *Une partie de campagne*
103 CN. I. p. 1228, *la Femme de Paul.*
104 *Ibid.* p. 1227.
105 *Ibid.* p. 1216.
106 CN. I. p. 431, *le Père.*
107 CN. I. p. 324, *les Dimanches d'un bourgeois de Paris.*
108 CN. I. p. 513, *Yvette.*
109 CN. I. p. 1340, *Mouche.*
110 *Ibid.*
111 *Ibid.* pp. 1345 sqq.
112 CN. I. p. 1290, *Ça ira.*
113 CN. I. p. 1214, *la Femme de Paul.*
114 *Ibid.* p. 1219.
115 CN. II. p. 77, *Sur l'eau.*
116 CN. II. p. 906, *Lettre trouvée sur un noyé.*
117 *Ibid.* p. 907.
118 CN. I. p. 549, *Yvette.*
119 CN. II. p. 1282, *la Farce.*
120 A. p. 281, *A Léon Fontaine.*
121 G. IV. p. 27, 1er février 1891.
122 CN. I. p. 1339, *Mouche.*
123 A. p. 307, *A la princesse X,*1879.
124 C. p. 206, *A sa mère,* 8 mars 1875.
125 C. p. 207, *A Edmond Laporte,* 13 avril 1875.
126 G. II, p. 1189, 31 mai 1877.
127 A. p. 94, *A Émile Zola,* 15 mai 1877.
128 C. p. 278, *A Gustave Flaubert,* février 1880.
129 Conard II, p. 38. *Des vers* : *Au bord de l'eau.*
130 *Ibid.*
131 *Ibid,* p. 41.
132 *Ibid.* p. 46.
133 *Ibid.* p. 125, *Vénus rustique.*
134 *Ibid.* p. 134.
135 C. p. 213, *A sa mère,* 6 octobre 1875.

136 CN. I. pp. 338 sqq, *En famille.*
137 CN. I. pp. 391. sqq, *Un million.* Pp. 463 sqq, *l'Héritage.*
138 CN. I. pp. 405 sqq, *les Bijoux.*
139 CN. I. pp. 453 sqq, *la Parure.*
140 CN. I. pp. 397 sqq, *A cheval.*
141 CN. I. pp. 371 sqq. *Une partie de campagne.*
142 CN. I. pp. 428 et 432, *le Père.*
143 *Ibid.* pp. 433-434.
144 CN. I. pp. 386, 387, 389, *Au printemps.*
145 C. p. 224, 17 janvier 1877.
146 *Ibid.*
147 *Ibid.* p. 225.
148 R. p. 263, *Bel-Ami.*
149 C. pp. 225-226, 17 janvier 1877.
150 C. p. 220, *A Catulle Mendès,* 1876.
151 CN. II. p. 21, *Mon oncle Sosthène.*
152 *Ibid,* p. 22.
153 C. pp. 168-169, *la Vie d'un paysagiste.*
154 *Ibid.* p. 167.
155 R. p. 631, *Mont-Oriol.*
156 Conard XXIV, p. 25, *la Vie errante.*
157 C. p. 95, préface à *Fille de fille.*
158 C. p. 334, *A Maurice Vaucaire,* 17 juillet 1885.
159 *Correspondance de Gustave Flaubert,* septième série, Paris, Conard, 1930. p. 198, *A sa nièce Caroline,* 13 septembre 1874.
160 C. pp. 230 sqq, *A Gustave Flaubert,* 3 novembre 1877.
161 *Ibid.* p. 232.
162 *Corr. de G. Flaubert,* septième série, p. 357, *A Tourguenieff,* 1876?
163 *Corr. de G. Flaubert,* neuvième série, 1933, p. 25, *A Guy de Maupassant,* 20 ou 21 avril 1880.
164 *Maupassant, journaliste et chroniqueur,* textes publiés par Gérard Delaisement, Paris, Albin Michel, s. d. p. 199, *Gustave Flaubert.*
165 C. p. 437, *Taine à Maupassant,* 2 mars 1882.
166 *Maupassant, journaliste...* p. 207. *Gustave Flaubert.*
167 *Ibid.*
168 *Corr. de G. Flaubert,* septième série, p. 327, *A Émile Zola,* 23 juillet 1876.
169 Huitième série, 1930, p. 83, *A Émile Zola,* 5 octobre 1877.
170 *Ibid.* p. 154, *A Edmond de Goncourt,* 9 octobre 1878.
171 *Ibid.* p. 134, *A Guy de Maupassant,* 15 août 1878.
172 *Ibid.* septième série, p. 8, *A Madame Gustave de Maupassant,* 23 février 1873.
173 *Ibid.* p. 9.
174 *Ibid.* p. 10.
175 Huitième série, p. 135, *A Guy de Maupassant,* 15 août 1878.
176 R. p. 840, préface de *Pierre et Jean.*
177 *Ibid.* p. 841.
178 C. pp. 131-132, *Gustave Flaubert.*
179 R. p. 841, préface de *Pierre et Jean.*
180 *Corr. de G. Flaubert,* huitième série, p. 135, *A Guy de Maupassant.* 15 août 1878.
181 *Maupassant, journaliste...* p. 199, *Gustave Flaubert.*
182 *Ibid.* pp. 199-200.
183 C. pp. 134-135, *Gustave Flaubert.*
184 *Ibid.* p. 135.
185 *Corr. de G. Flaubert,* huitième série, p. 307, *A Guy de Maupassant,* 8 octobre 1879.
186 CN. II. p. 925, *Solitude.*
187 C. p. 57, *la Lysistrata moderne.*
188 *Ibid.* p. 21, *les Soirées de Médan.*
189 CN. II. p. 805, *Auprès d'un mort.*
190 *Ibid.*
191 CN. I. p. 623, *les Caresses.*
192 *Ibid.*
193 CN. I. p. 1027, *l'Épingle.*
194 R. p. 722, *Mont-Oriol.*
195 C. p. 378, *A Olendorff,* 17 mars 1890.
196 CN. I. pp. 1164-1165, *l'Inutile Beauté.*
197 C. p. 242, *A Gustave Flaubert,* 3 août 1878.
198 CN. II. p. 1172, *l'Endormeuse.*
199 *Ibid.* p. 1173.
200 *Ibid.* p. 1171.
201 *Ibid.* p. 1170.
202 *Ibid.* p. 1177.
203 C. p. 293, *A sa mère,* janvier 1881.
204 CN. II. p. 1149, *Moiron.*
205 R. pp. 1408-1409, *l'Angélus.*
206 CN. I. p. 1157, *l'Inutile Beauté.*
207 Conard XXI, p. 63, *Sur l'eau.*
208 *Ibid.* pp. 62-63.
209 CN. II. pp. 824-825, *Suicides.*
210 Conard XXI, pp. 128-129, *Sur l'eau.*
211 C. p. 286, *A Gustave Flaubert,* fin avril 1880.
212 *Corr. de G. Flaubert,* huitième série, p. 364, *A Guy de Maupassant,* 1er février 1880.
213 C. p. 20, *les Soirées de Médan.*
214 *Ibid.* p. 273. *A Gustave Flaubert,* 5 janvier 1880.
215 *Ibid.* p. 86, *A Émile Zola,* 1883.
216 *Guy de Maupassant intime,* notes d'une amie, Grande Revue, 25 octobre 1912, p. 682.
217 T. p. 225.
218 *Ibid.* p. 16.
219 *Ibid.* p. 225.
220 *Ibid.* p. 135.
221 *Ibid.* p. 143.
222 CN. II. p. 1071-1072, *Un cas de divorce.*

223 FELICIEN CHAMPSAUR : *le Manque de goût contemporain* (à Guy de Maupassant), *l'Événement*, 26 mars 1890, p. 1, col. 4.
224 G. III, p. 406, 18 décembre 1884.
225 *Ibid.* p. 1148, 25 mars 1890.
226 T. p. 153.
227 C. p. 40, *Chine et Japon.*
228 R. p. 319, *Bel-Ami.*
229 R. p. 935, *Pierre et Jean.*
230 R. p. 1210, *Notre cœur.*
231 R. p. 1036, *Fort comme la mort.*
232 R. pp. 1227-1228, *Notre cœur.*
233 C. p. 167, *la Vie d'un paysagiste.*
234 *Ibid.* p. 168.
235 P. BOREL : *le Destin tragique de Guy de Maupassant*, Paris, Ed. de France, 1927, p. 58.
236 T. p. 160.
237 A. p. 30, *A sa mère*, 8 mai 1875.
238 CN. I. pp. 307-308, *les Dimanches...*
239 R. pp. 352-353, *Bel-Ami.*
240 *Ibid.* p. 1067, *Fort comme la mort.*
241 *Ibid.* p. 1180, *Fort comme la mort.*
242 *Ibid.* p. 1330, *Notre cœur.*
243 CN. I. p. 629, *Un portrait.*
244 T. p. 146.
245 R. pp. 1169-1170, *Fort comme la mort.*
246 *Ibid.* p. 1286, *Notre cœur.*
247 *Ibid.* p. 1287, *Notre cœur.*
248 R. p. 1135, *Fort comme la mort.*
249 Conard XXIV, pp. 64 sqq, *la Vie errante.*
250 *Ibid.* p. 65.
251 R. p. 712, *Mont-Oriol.*
252 F. HARRIS : *Ma vie et mes amours*, traduit de l'anglais par Madeleine Vernon et H. D. Davray, Paris, Gallimard, s. d. p. 319.
253 J.-E. BLANCHE : *la Pêche aux souvenirs*, Paris, Flammarion, 1949, p. 172.
254 Cité par P. MORAND : *Vie de Maupassant*, Paris, Flammarion, 1942, p. 163. L'auteurde ce portrait est Georges de Porto-Riche.
255 G. NORMANDY ... *Maupassant*, *op. cit.* p. 82.
256 G. III. p. 641, 2 février 1887.
257 J. LORRAIN : *Très-Russe*, Paris, Giraud, 1886, p. 97, portrait de Jean de Beaufrilan.
258 *Ibid.* p. 98.
259 *Ibid.*
260 A. p. 262, *A Madame Émile Straus*, 1889.
261 P. MORAND : *Vie de Maupassant*, *op. cit*, p. 163, portrait par Porto-Riche.
262 T. pp. 85 et 87.
263 *Ibid.* pp. 19 sqq., 178 sqq.
264 C. p. 234, *A Gustave Flaubert*, 10 décembre 1877.
265 *Ibid.* p. 59, *la Lysistrata moderne.*
266 T. p. 68.
267 C. p. 237, *A sa mère*, 3 avril 1878.
268 G. III. p. 249, 18 avril 1883.
269 *Ibid.* p. 248, 10 avril 1883.
270 P. MORAND : *Vie de Maupassant. op. cit.* p. 163. Propos de Porto-Riche.
271 T. p. 67.
272 G. III. p. 406, 24 décembre 1884.
273 II. p. 1278, *la Farce.*
274 CN. *Ibid.* p. 1281.
275 T. pp. 79-80.
276 *Ibid.* pp. 43-44.
277 *Ibid.* p. 199.
278 *Ibid.* p. 74.
279 *Ibid.* p. 82.
280 G. IV. p. 382, 9 avril 1893.
281 *Ibid.* p. 324, 17 novembre 1892.
282 Harris F. : *Ma vie... op. cit.* p. 323.
283 *Ibid.* p. 324.
284 T. p. 285.
285 G. III. pp. 510-511, 7 décembre 1885.
286 F. HARRIS : *Ma vie... op. cit.* pp. 328-329.
287 CN. I. p. 919, *Un sage.*
288 *Ibid.* p. 920.
289 *Ibid.* pp. 916-917.
290 *Ibid.* p. 921.
291 F. HARRIS : *Ma vie... op. cit.* p. 322.
292 C. p. 350, *A Madame X*, 19 décembre 1887.
293 F. HARRIS : *Ma vie... op. cit.* p. 324.
294 CN. I. p. 703, *A vendre.*
295 *Ibid.* p. 642, *En voyage.*
296 *Ibid.* pp. 649 sqq, *la Rempailleuse.*
297 *Ibid.* pp. 716 sqq. *l'Épave.*
298 *Ibid.* p. 747 sqq. *l'Infirme.*
299 *Ibid.* pp. 753 sqq. *Alexandre.*
300 CN. II. p. 452, *Châli.*
301 CN. I. pp. 1312-1313, *Allouma.*
302 G. IV. p. 125, 22 juillet 1891.
303 CN. II, p. 997, *l'Inconnue.*
304 *Ibid.* 998.
305 *Ibid.* p. 1001.
306 *Ibid.* p. 1002.
307 G. IV. p. 463, 1er octobre 1893.
308 Conard VIII, p. 139, *Au soleil.*
309 CN. I. pp. 100 sqq. *le Père Judas.*
310 R. p. 586, *Mont-Oriol.*
311 *Ibid.* p. 612.
312 *Ibid.* p. 509, *Bel-Ami.*
313 *Ibid.* p. 578, *Mont-Oriol.*
314 *Ibid.* pp. 814-815.
315 CN. I. p. 331, *les Dimanches d'un bourgeois de Paris.*
316 C. p. 233, *A Gustave Flaubert*, 10 décembre 1877.
317 *Ibid.* p. 234.
318 CN. I. p. 331, *les Dimanches d'un bourgeois de Paris.*
319 *Ibid.* p. 337.
320 *Ibid.* p. 330.
321 *Ibid.* p. 331.
322 *Ibid.* p. 328.

323 *Ibid.* p. 337.
324 *Ibid.* p. 335.
325 *Ibid.* p. 328.
326 Conard VIII, p. 17. *Au soleil.*
327 CN. I. p. 1314, *Allouma.*
328 *Ibid.* p. 1315.
329 Conard VIII, p. 48, *Au soleil.*
330 R. p. 264, *Bel-Ami.*
331 Conard VIII, p. 36, *Au soleil.*
332 *Ibid.* p. 45.
333 R. p. 246, *Bel-Ami.*
334 CN. II. p.273, *Mohammed Fripouille.*
335 *Ibid.* p. 275.
336 T. p. 276.
337 R. p. 1408, *l'Angélus.*
338 T. p. 219.
339 CN. II. p. 71, *le Marquis de Fumerol.*
340 R. pp. 1263 sqq. *Notre cœur.*
341 A. p. 261, *A Madame Émile Straus,* 21 novembre 1888.
342 C. p. 47, *le Pays des korrigans.*
343 Conard XXIV, pp. 223 sqq, *la Vie errante.* C. p. 350, *Au Dr Cazalis,* décembre 1887.
344 Conard XXI, p. 93, *Sur l'eau.*
345 T. p. 54.
346 CN. II. p. 959, *la Peur.*
347 *Ibid.* pp. 961 sqq.
348 CN. II. p. 798, *la Peur.*
349 CN. II. p. 1007, *Lettre d'un fou.*
350 *Ibid.* p. 1008.
351 *Ibid.* p. 973, *Un fou.*
352 C. p. 214, *A Robert Pinchon,* 11 mars 1876.
353 *Ibid.* p. 218, *A Gustave Flaubert,* 17 novembre 1876.
354 *Ibid.* p. 244, *A Gustave Flaubert,* 21 août 1878.
355 *Ibid.* p. 267, *A Gustave Flaubert,* 24 avril 1879.
356 *Ibid.* p. 281, *A Gustave Flaubert,* février 1880.
357 *Ibid.* p. 282, *A Gustave Flaubert,* début de mars 1880.
358 *Ibid.* p. 283.
359 T. p. 87.
360 C. p. 374, *Au Dr Georges Daremberg,* novembre 1889.
361 G. III. p. 989, 15 juin 1889.
362 CN. I, pp. 547 sqq. *Voyage de santé.*
363 C. p. 283, *A Gustave Flaubert,* mars 1880.
364 T. p. 185.
365 CN. II, p. 783, *Rêves.*
366 Conard XXI, p. 100, *Sur l'eau.*
367 M. Catinat : *les Bords de la Seine, op. cit.* p. 79, note.
368 A. p. 252, *A Madame Émile Straus,* 1888.
369 CN. II. p. 782, *Rêves.*
370 Conard XXI, pp. 98 et 99. CN. II. p. 783, *Rêves.*
371 Conard XXI, p. 99. CN. II. p. 784, *Rêves.*
372 Conard XXI, p. 100. CN. II. p. 784, *Rêves.*
373 T. p. 93.
374 *Ibid.* p. 291.
375 G. III. p. 1056, 16 octobre 1889.
376 *Guy de Maupassant intime,* notes d'une amie, Grande Revue, 25 octobre 1912, p. 675.
377 P. Borel : *le Destin tragique... op. cit.* pp. 31-32.
378 *Ibid.* p. 31.
379 Grande Revue, op. cit. pp. 684-685.
380 CN. II, pp. 1186 sqq. *Qui sait ?*
381 T. p. 229.
382 CN. II. p. 821, *Apparition.*
383 *Ibid.* p. 942, *la Chevelure.*
384 *Ibid.* 1061, *Sur les chats.*
385 *Ibid.* p. 1068.
386 *Ibid.* pp. 908 sqq. *Misti.*
387 T. p. 87.
388 A. Lumbroso : *Souvenirs, op. cit.* p. 55.
389 G. IV p. 168, 9 décembre 1891.
390 C. pp. 417-418. *Au Dr Georges Daremberg,* nov. déc. 1891, p. 419. *Au Dr Henry Cazalis,* s. d.
391 G. IV, p. 189, 3 février 1892.
392 *Ibid.,* p. 221, 30 mars 1892.
393 *Ibid.,* p. 295, 17 août 1892.
394 A. Lumbroso : *Souvenirs, op. cit.* p. 96.
395 Ibid., p. 121.
396 R. p. 729, *Mont-Oriol.*
397 R. Ibid. p. 730.
398 G. Delaisement : *Maupassant, journaliste... op. cit.* pp. 228 et 229.
399 R. pp. 836 et 837, préface de *Pierre et Jean.*
400 *Ibid.* p. 833.
401 G. Delaisement : *Maupassant, journaliste...* op. cit. p. 230.
402 R. p. 841, préface de *Pierre et Jean.*
403 G. IV. III. p. 740, 9 janvier 1888.
404 C. p. 346, *A sa mère,* fin septembre 1887.
405 R. p. 838, préface de *Pierre et Jean.*
406 G. III. p. 1189, 9 juin 1890.
407 G. III. p. 906, 14 janvier 1889.
408 R. p. 1028, *Fort comme la mort.*
409 R. p. 1230, *Notre cœur.*
410 G. IV. pp. 461-462, 1er octobre 1893.
411 G. IV. p. 428, 8 juillet 1893.
412 R. pp. 863-870, 875-879, *Pierre et Jean.*
413 R. pp. 1313-1317, *Notre cœur.*
414 Conard XXIV, pp. 131-144, *la Vie errante.*

« *Une partie de Campagne* » de J. Renoi

Chronologie

1850	5 août, naissance de Henry-René-Albert-Guy de Maupassant.
1854	La famille Maupassant emménage dans le château de Granville-Ymauville, arrondissement du Havre.
1856	Avril, naissance d'Hervé de Maupassant.
1859-1860	Maupassant, élève au lycée Napoléon, à Paris.
1861-1862	Séjour à Étretat.
1863	Octobre, inscription à l'Institution ecclésiastique d'Yvetot.
1864	Maupassant entre en relations à Étretat avec A.-C. Swinburne.
1868	Mai, Maupassant, inscrit comme interne au lycée de Rouen.
1869	27 juillet, bachelier ès-lettres.
1869	Octobre, étudiant en droit à Paris.
1870-1871	Guerre.
1872	Maupassant entre au ministère de la Marine.
1874	Maupassant rencontre chez Flaubert Edmond de Goncourt et Zola.
1875	Première œuvre de Maupassant, publiée dans l'Almanach Lorrain.
1875	19 avril, première représentation de *A la feuille de rose*, *Maison turque*.
1876	Constitution du groupe des Soirées de Médan.
1878	18 décembre, démission du ministère de la Marine, puis passage au ministère de l'Instruction Publique.
1879	Décembre, Maupassant poursuivi par le parquet d'Étampes.
1880	Avril, publication de *Boule de suif*.
1880	Juin, Maupassant renonce à faire carrière dans les ministères.
1880	Septembre, voyage en Corse.
1881	Juillet, voyage en Algérie.
1883	Avril, publication de *Une vie*.
1885	Avril, Publication de *Bel-Ami*.
1886	Juillet-août, séjour à Châtel-Guyon.
1887	Janvier, publication de *Mont-Oriol*.
1887	Octobre, voyage en Algérie.
1888	Janvier, publication de *Pierre et Jean*.
1889	Mai, Publication de *Fort comme la mort*.
1889	Août, internement d'Hervé de Maupassant. Croisière sur les côtes italiennes.
1890	Avril, court séjour en Angleterre.
1890	Juin, publication de *Notre cœur*.
1891	Juin-août, traitements successifs à Divonne-les-Bains, puis à Champel-les-Bains, près de Genève.
1891	Décembre, Maupassant rédige son testament.
1892	1er janvier, tentative de suicide.
1892	7 janvier, internement à la maison de santé du docteur Blanche (Passy).
1893	6 juillet, mort de Maupassant.
1893	7 juillet, inhumation de Maupassant à la vingt-sixième section du cimetière Montparnasse.

Bibliographie

Éditions disponibles d'œuvres de Maupassant

Au Soleil : Conard.
Bel Ami : Albin Michel, Bibliothèque Marabout. Conard. Folio. Garnier (notes de G. Delaisement), coll. « Classiques », (H. S.); coll. « Sélecta »; coll. « Prestige ». Le Livre de poche.
Boule de Suif : Albin Michel. Conard. Folio. Le Livre de poche.
Boule de Suif et autres contes normands : Garnier, ill., coll. « Classiques »; coll. « Prestige ».
Clair de lune : Conard.
Contes choisis pour la jeunesse : Albin Michel. Larousse. Hachette, « C.I.V. ».
Contes de la Bécasse : Conard. Garnier-Flammarion. Le Livre de poche.
Contes du jour et de la nuit : Conard.
Contes et Nouvelles (notes de A.-M. Schmidt et G. Delaisement) : Albin Michel, 2 vol. rel. pleine peau, relié simili peau.
Des vers, Lettres de Madame Laure de Maupassant à G. Flaubert : Conard.
Les Dimanches d'un bourgeois de Paris : Conard. Le Livre de poche.
Fort comme la mort : Conard. Le Livre de poche.
Le Horla : Le Livre de poche.
L'Inutile Beauté : Conard.
Mademoiselle Fifi : Conard. Le Livre de poche.
La Main gauche : Le Livre de poche.
La Maison Tellier : Conard. Le Livre de poche. Les Heures Claires, ill. de Grau Sala.
Miss Harriet et l'héritage : Conard. Le Livre de poche.
Misti : Le Livre de poche.
Monsieur Parent : Conard. Le Livre de poche.
Mont-Oriol : Bibliothèque Marabout. Conard. Folio. Le Livre de poche.
Notre cœur : Conard. Didier. Le Livre de poche.
Nouvelles : Hachette, « C.I.V. ».
La Petite Roque : Conard. Le Livre de poche.
Pierre et Jean : Bibliothèque Marabout. Garnier, coll. « Sélecta ». Le Livre de poche.

ROMANS *(Une vie, Bel-Ami, Mont-Oriol Pierre et Jean, Fort comme la mort, Notre cœur, l'Angélus)* : textes établis par A.-M. Schmidt : Albin Michel, rel. simili peau, rel. peau.
Le Rosier de Madame Husson : Conard. Le Livre de poche.
Les Sœurs Rondoli : Conard. Le Livre de poche.
Sur l'eau : Conard. Le Livre de poche.

THÉATRE *(La Paix du ménage, Musotte, Histoire du vieux temps)* : Conard.
Toine : Conard. Le Livre de poche.
Une vie : Albin Michel. Bibliothèque Marabout. Conard. Garnier-Flammarion. Folio. Le Livre de poche.
Une vie, Boule de Suif, la Maison Tellier, le Horla : Éd. de Brocéliande, épuisé.
La Vie errante : Conard.
Yvette : Conard. Le Livre de poche.

Dans la Bibliothèque de la Pléiade (Gallimard) les *Contes et Nouvelles* sont en cours de publication. Le tome 1 est paru : *Contes et Nouvelles des années 1875-1884.*

Trois ouvrages capitaux sur Maupassant

R. DUMESNIL : *Guy de Maupassant*, Paris, Armand Colin, 1933, Jules Tallandier, 1947.
E. MAYNIAL : *la Vie et l'Œuvre de Maupassant*, Paris, Mercure de France, 1906.
A. VIAL : *Maupassant et l'art du roman*, Paris, Nizet, 1954.

Signalons qu'un complément au journal de François Tassart, cité dans les notes, a paru sous ce titre : F. TASSART : *Nouveaux souvenirs intimes sur Guy de Maupassant*, Paris, Nizet, 1963.

Table

Illustrations

Giraudon : p. 71, 90 - Roger Viollet : p. 65, 85, 129, 177 - Cahiers du Cinéma : p. 185 , Cinémathèque : p. 184, 190. - Harlingue : p. 6 - Georges Sirot : p. 8, 10, 16-17, 29, 31. 36, 40, 41, 44, 46, 54, 106 - Bibliothèque Nationale (Éditions du Seuil) : p. 2, 4, 5, 12, 13, 19, 21a, 21b, 25, 33, 34, 38, 45, 50, 51, 52, 57, 64, 74, 77, 79, 93, 95, 99, 101, 110, 113, 117, 122, 125, 135, 140, 142, 148, 152-153, 154-155, 156, 158, 166, 171, p. 2 et 3 de cv. - Bulloz : p. 43, 82-83, 91, 102, 105, - Bibliothèque de l'Opéra : p. 97. Travaux photographiques : *Publicité R. Bardet.*

En pages 2 et 3 de cv. et page 135, illustrations de G. Fraipont pour *Des vers* de Maupassant. Page 43, *les Canotiers* de Manet. Page 71, *la Modiste* de Toulouse-Lautrec. Page 102, *A la fin du déjeuner*, page 105, *la Danse à la ville* de Renoir.

CE LIVRE, LE SOIXANTE ET UNIÈME DE LA COLLECTION « ÉCRIVAINS DE TOUJOURS » DIRIGÉE PAR DENIS ROCHE, A ÉTÉ RÉALISÉ PAR SIMONE CAYET.

ACHEVÉ D'IMPRIMER EN 1990 PAR L'IMPRIMERIE TARDY QUERCY S.A. - BOURGES
D. L. 4e TRIM. 1962 - N° 1386-9 (15809)